松陰の歩いた道

旅の記念碑を訪ねて

海原 徹 著

ミネルヴァ書房

松陰と金子重之助の師弟像（山口県萩市椿東字椎原）

松陰先生曾遊之地
（千葉県銚子市川口町）

吉田松陰先生東遊記念碑
（山口県岩国市関戸）

みちのく松陰道
（青森県外ヶ浜町三厩）

吉田松陰先生渡舟記念碑
（青森県五所川原市下田川）

はしがき

われわれの誰もがよく知っている歴史上の有名人、芝居や小説の主人公になるような稀代の英雄や勇壮無比の豪傑について記した碑はかくべつ珍しいものではなく、いろんな場所でしばしばお目にかかることができるが、吉田《よしだ》松陰《しょういん》のように、ただ一人で全国各地に沢山の碑を有する人物は、それほど多くいるわけではない。

歴史上どんなに有名な人物であっても、その人と為りや業績を顕彰する碑は、彼が活躍したある特定の時代、それも限られた地域に作られるのが普通だが、松陰の場合にはそうした制約がほとんどない。その証拠に、安政六（一八五九）年秋の没後早くから平成の今日に至る一五〇年もの間、全国各地で彼の碑を作る企てが延々と繰り返されている。つまり、彼の人気は時代や場所の違いを越えて存在しつづけている。現に今、全国どの地方に行っても必ず松陰ファンを自称する人にお目にかかることができるが、その理由は一体何か、なぜそうなのかを、これまで多くの人びとによって作られ見守られてきた記念碑を手掛かりに考えてみたい。これが今回、本書の執筆をはじめる一つの大きなきっかけになった。

松陰がそれほどまでに人気がある、おそらく最大の理由は、江戸や京・大坂から遠く離れた山陰の小さな城下町、萩の郊外に彼が創めた松下村塾から、幕末維新の政治運動を主導した高杉晋作や久坂玄瑞《くさかげんずい》らをはじめとする数多くの優れた人材を輩出したという事実であろう。いささか極端な物言いをすれば、明治維新の大業は、その多くを松下村塾という名の一地方の小さな学塾の教育的営為に負っているということもできるからである。

むろん、松陰に対する圧倒的な評価は、それだけではあるまい。もう一つ見逃すことができないのは、数え年僅か三〇歳で刑死した松陰の短い生涯に凝縮された、誰にも真似できそうにない見事な生き様である。その出所進退に見られる類い稀な純粋さや潔さであり、もっといえば、毀誉褒貶《きよほうへん》すべてを捨象した、すさまじいまでの透明感であろう。

松陰が関係したさまざまな企てや事件、すなわち東北脱藩行、長崎来航のロシア軍艦による密航計画、下田踏海事件、老中間部詮勝《まなべあきかつ》暗殺策、安政大獄への連座など、江戸伝馬町牢で刑死するまでの松陰の生活には一日一刻たりとも安穏無事な時はない。それどころか、むしろ波瀾万丈という言葉がぴったりの事態の連続であった。

藩許を得ない脱藩行で士籍を剥奪され、浪人身分となった東北の旅に始まる一連の企ては、すべて彼自らが選んだ苦難の道であり、誰からも勧められたことはなく、ましてや命令されたり押し付けられたものでもない。松陰が事を起こすときは、今まさに自らが正しいと信じるところ、為すべきと思うことをそのまま行動に移すという生き方であり、それ以外の選択肢は存在しない。行く手にさまざまな困難や障害が予想され、果たして成功するかどうか大いに危ぶまれるさいも、彼は一向に逡巡せず、ただひたすら真っ直ぐ前に向かって突き進んだ。どんなに大変な問題に遭遇し、解決のめどが容易につきそうになくても、彼はいささかも恐れず少しも迷わず、このスタイルを貫き通した。松陰人気が今もなお根強く受け継がれる所以は、ここにあるということもできるだろう。

あまり知られていないが、松陰は幕末期最大の旅行家の一人であった。嘉永三（一八五〇）年、二一歳の夏、九州遊歴に出発してから嘉永七年春の下田踏海事件まで、僅か四年足らずの限られた歳月に、大小七回の旅を試みており、彼が残した足跡は、南は九州の長崎から北は遠く津軽半島の竜飛崎あたりまで及んでいる。その行動力、なかんずく足を延ばした地理的範囲の大きさは、同時代の旅人の中でも屈指のものであり、旅人吉田松陰の名で呼ばれるのに、いかにもふさわしい。松陰の足跡を辿るわれわれの旅が、いきおい全国各地へ視野を拡大し、それゆえにまた膨大な時間や労力を要するのは、このためである。

没後百数十年をへた現在、松陰がかつて歩いた道や訪ねた場所ですでに消滅し、あるいは大きく変貌したものも決して少なくない。文献史料の指摘やそれを踏まえた記念碑の存在でそれと確認できるものに問題はないが、歴史の彼方へ完全に消え失せてしまった場合は、彼が歩いたと思われる道を何とか探し出し、あるいは眺めたと思われる風景をさまざまな角度から再現してみることで代えるほかはない。そのことを実現するために、私自身が全国各地へ出かけ、彼の記した足跡を可能なかぎり辿る試みをした。萩城下をふくむ山口県下のように、これまで何度も繰り返し訪れた場所もないではないが、今回あえてもう一度訪ねることにした。近年盛んに行われつつある道路の整備や都市の拡張、区画整理などにより、彼の来遊を物語る記念碑がどこかへ撤去され、もしくはまったく別の場所に移されたりしていることが間々ある、そのことに気づいたからである。

なお、「旅の記念碑を訪ねて」という副題を付しているが、ここでは、松陰が足跡を記したことを示す説明板や同じ場所に残る旧い建物、遺跡の類い、あるいはかつての建造物の復元などについても、すべて広義の記念碑にふくめ、それらをもあわせて見た。いずれの場合も、記念碑に優るとも劣らない説得力を持つと考えたからである。

吉田松陰木像（京都大学附属図書館蔵）

松陰の歩いた道——旅の記念碑を訪ねて

目次

第五章　近畿周遊――諸国遊歴の許可……191

吉田家略系図

松野平介―玄蕃・重基（吉田氏）―十郎左衛門・重賢―①友之允・重矩―②十郎左衛門・矩行―半平（養子）

③仁十郎・矩之―④市佑・矩直（養子）―⑤又五郎・矩定（養子）―⑥他三郎・矩建―⑦大助・賢良（養子）

百合之助＝滝（村田右中娘）

梅太郎（民治）＝亀（後妻）・幸

⑧虎之助（寅次郎・松陰）

千代（芳子）＝裕之（児玉）

寿（小田村）

艶（早世）

文（美和子）久坂玄瑞妻、のち楫取後妻

敏三郎（安三郎・三二歳没）

（梅太郎の子）豊子（玉木）、⑨小太郎（一九歳没）、滝子＝相次郎（中村）、⑩道子（早世）、小三郎（一九歳没）、清四郎（早世）、梅子（早世）、静子（伊東）

（滝子・相次郎の子）道助、英助（早世）、三郎（早世）、峰子（飯田）、貞子＝俊亮（杉山）、秀子（久保田）、彦熊（二五歳没）、丙三

（貞子・俊亮の子）英子＝⑫衛（河内）、喜久子（藤井）、節子（杉山）

（英子・衛の子）基子、淑子（吉川）、紘、⑬武＝愛子

（武・愛子の子）⑭英美

（千代・裕之の子）万吉、寿子、政子（和田）、富士子（三谷）、⑪庫三

＊（　）内は改名、婚家先名、没年など。

杉家略系図

- ①文左衛門・政常
  - ②七郎兵衛・政之
    - ③文左衛門・徳邦
      - ④七兵衛・常徳
        - ⑤百合之助・常道 ＝ 滝（村田右中娘）
          - ⑥梅太郎（民治） ＝ 亀、幸（後妻）
            - 豊子（玉木）
            - 小太郎（一九歳没）
            - 滝子 ＝ ⑦相次郎（中村）
              - ⑧道助（八一歳没） ＝ 義子（八木）
              - 英助（早世）
              - 三郎（早世）
              - 峰子（飯田）
              - 貞子（杉山）
              - 秀子（久保田）
              - 彦熊（二五歳没）
              - ⑨丙三 ＝ 万千代（松下）
                - 真知子（熱田）
                - ⑩治彦
            - 道子（早世）
            - 小三郎（一九歳没）
            - 清四郎（早世）
            - 梅子（早世）
            - 静子（伊東）
          - **虎之助（寅次郎・松陰）**
          - 千代（児玉芳子）
          - 寿（小田村）
          - 艶（早世）
          - 文（美和子）久坂玄瑞妻、のち楫取後妻
          - 敏三郎（三二歳没）

＊（　）内は改名、婚家先名、没年など。

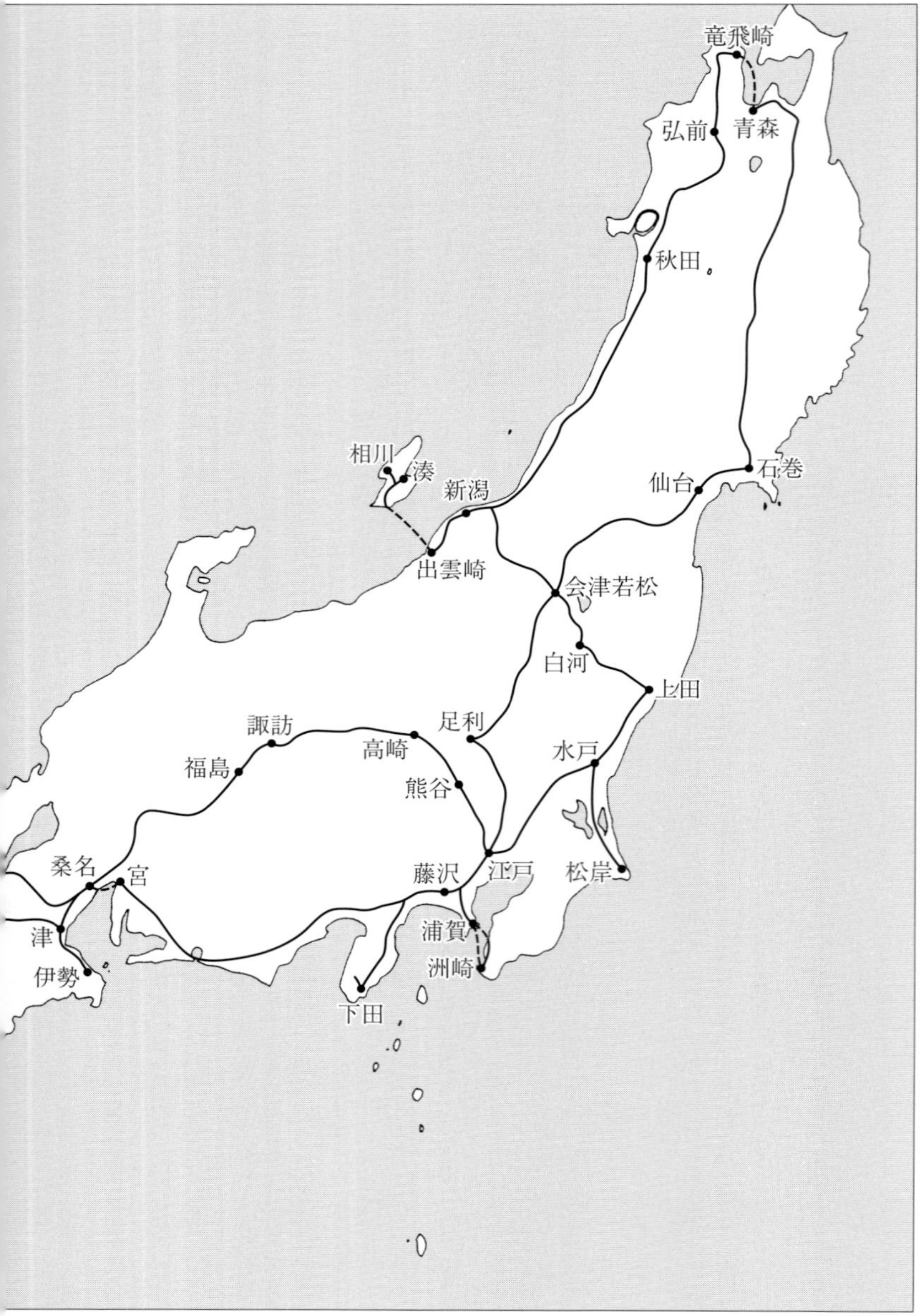
竜飛崎
弘前
青森
秋田
相川
湊
新潟
仙台
石巻
出雲崎
会津若松
白河
上田
諏訪
足利
福島
高崎
水戸
熊谷
桑名
宮
藤沢
江戸
松岸
津
浦賀
伊勢
洲崎
下田

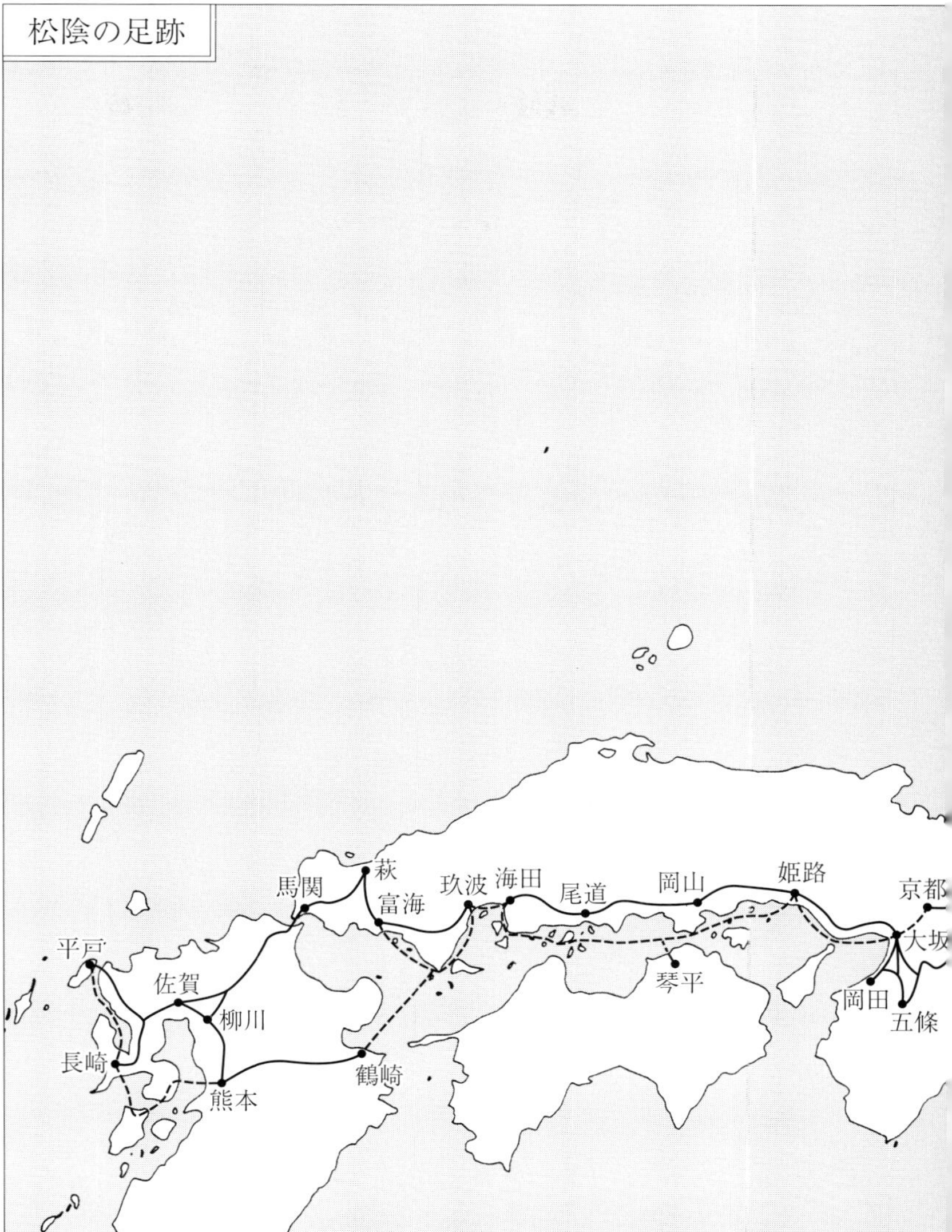
松陰の足跡
萩
馬関
富海
玖波
海田
尾道
岡山
姫路
京都
大坂
平戸
佐賀
柳川
長崎
熊本
鶴崎
琴平
岡田
五條

第一章　防長二国の道——至る所にある沢山の碑

天保九（一八三八）年正月、数え年九歳で家学教授見習いとして出仕、翌年一一月、藩校明倫館《めいりんかん》で山鹿《やまが》流兵学の講義を始めた松陰は、終始数人の後見役に見守られていたように、まだすべての面で一人前にはほど遠い修学途上の少年であり、公務のない日は、大勢の教師について学んでいた。この間、旅に出たことが一度もないのは、公私ともに多忙であったためであろう。「吉田松陰年譜」によれば、弘化四（一八四七）年三月末、一八歳のとき、萩往還を山口まで歩き、近くの湯田《ゆだ》温泉に遊んだのが、萩城下を離れて旅に出た唯一の機会らしいが、数日後には早くも萩へ戻り、叔父玉木文之進《たまきぶんのしん》の創めた松下村塾で勉学に励んでいる。

嘉永二（一八四九）年三月、二〇歳のとき、海防御手当御内用掛を命じられた松陰は、六月二七日から七月二三日までの約一カ月間に、前後二回にわたり長門の北海岸、石州の国境いから西海岸一帯、馬関までの沿岸防備の実地検分に従事した。西洋兵学の師でもあった飯田猪之助らが率いる藩の巡検使一行に加わったものであり、これが旅らしい旅をした初めての経験である。

嘉永三年八月に出発した九州の旅は、萩城下から明木《あきらぎ》村に出て右折、一路馬関へ向かう道を歩いたものであり、往きは途中、四郎ヶ原宿で一泊し、帰りは吉田宿で泊まっている。

萩往還を山口、または三田尻《みたじり》へ出る道は、計七回通過しており、徳山や岩国方面へ通ずる山陽道にも、瀬戸内海を船で往来した三度の旅を除き、計四回は足を踏み入れている。なかんずく安政六（一八五九）年五月の江戸檻送は、再び故郷の地を踏むことのない死出の旅であり、行く先々に彼の足跡を記した碑を見ることができる。

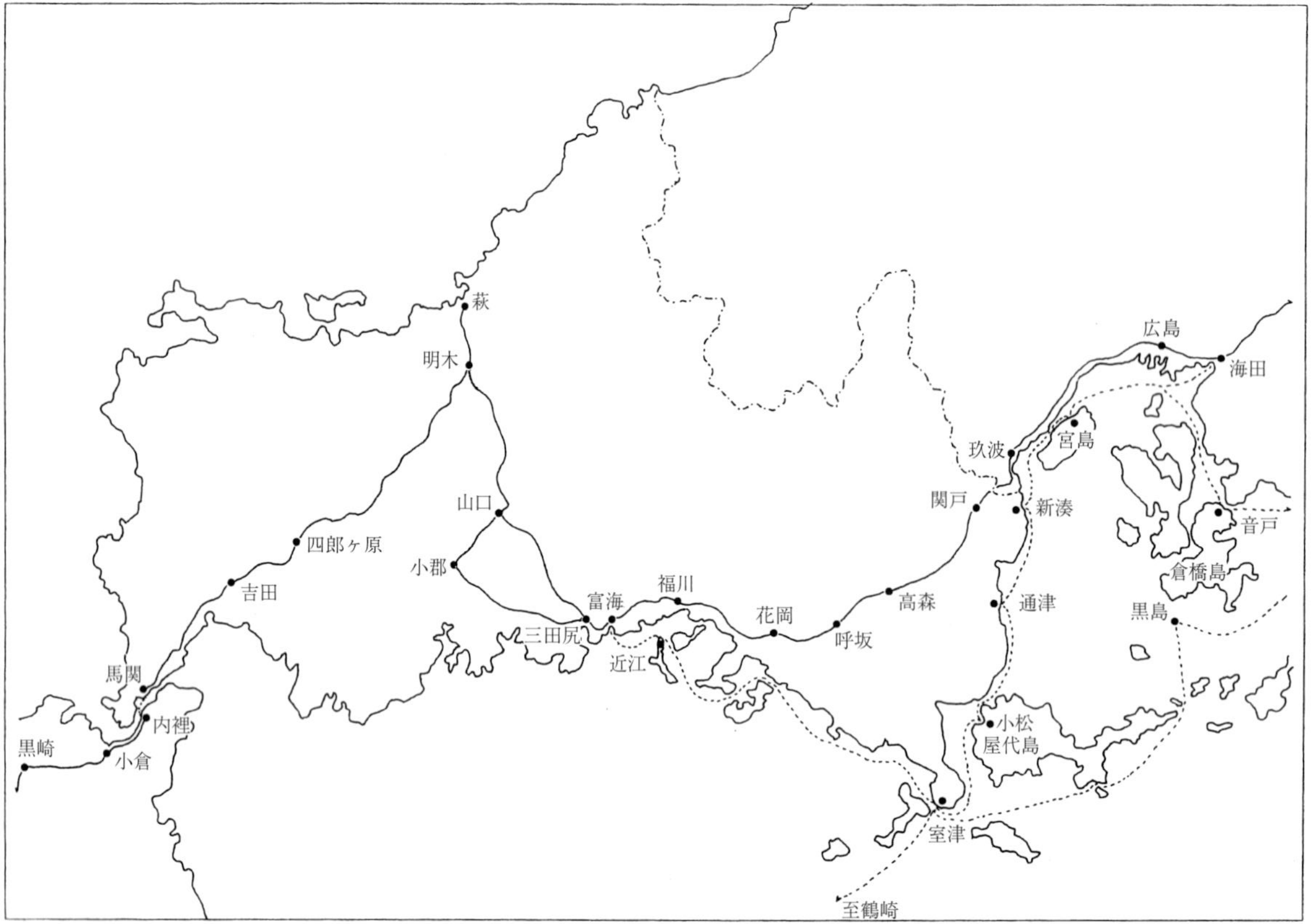
萩
明木
山口
小郡
四郎ヶ原
吉田
馬関
内裡
小倉
黒崎
富海
三田尻
近江
福川
花岡
呼坂
高森
関戸
玖波
新湊
通津
広島
海田
宮島
音戸
倉橋島
黒島
小松
屋代島
室津
至鶴崎

山口県内図

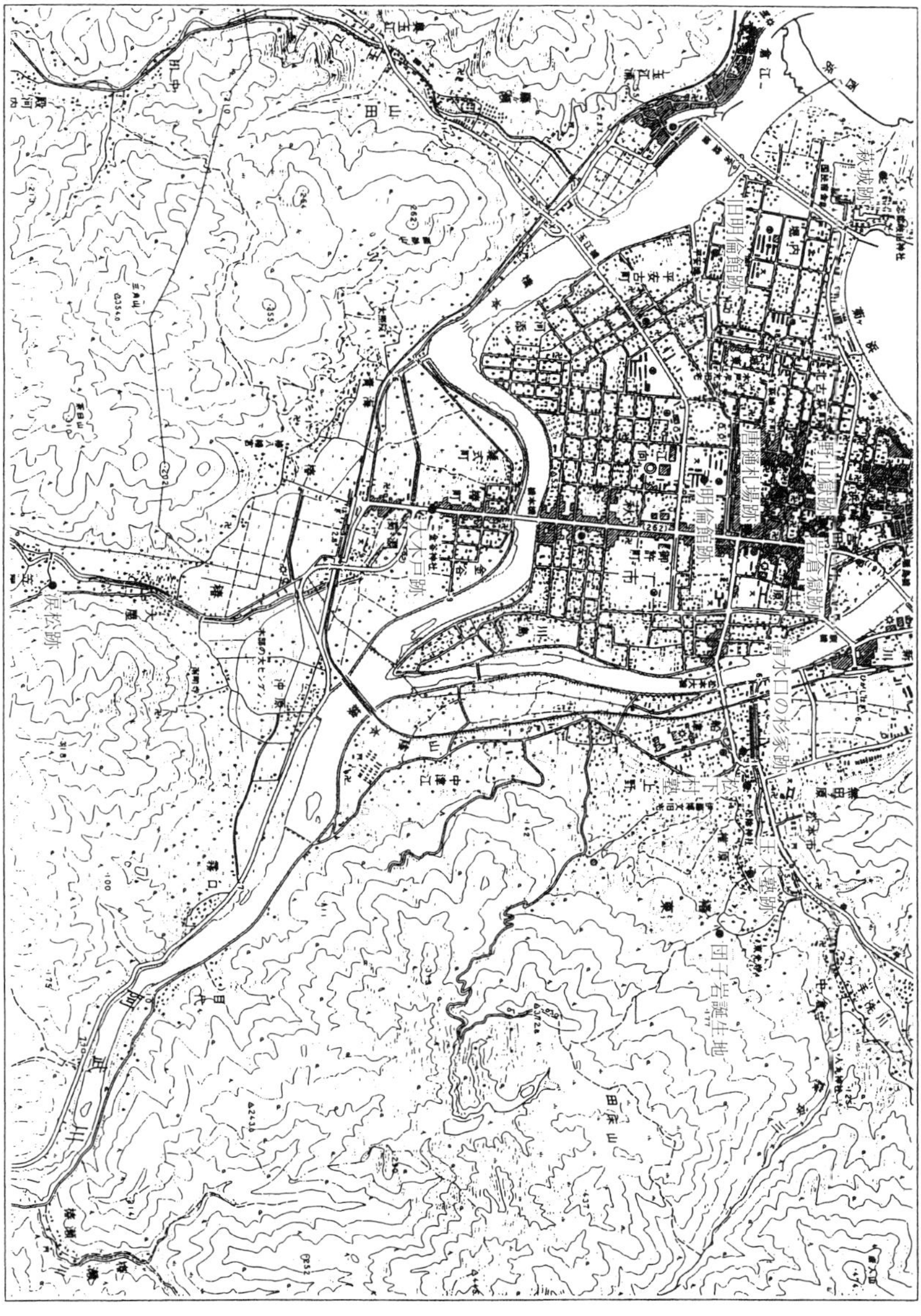
萩城跡
旧明倫館跡
野山獄跡
唐樋札場跡
岩倉獄跡
明倫館跡
大木戸跡
涙松跡
清水口の杉家跡
松下村塾
玉木塾跡
団子岩誕生地

萩市周辺図

1　萩最大の観光スポット・松陰神社——萩市椿東《ちんとう》椎原一五三七

城下町萩の観光客が必ず訪れる松陰神社は、JR東萩駅から南東へ約一キロの地に鎮座している。駅から松本川沿いの道を五〇〇メートルほど南下し、月見川の合流点で左折、ここからさらに数百メートル川上に歩くと、右前方に松陰神社の大鳥居が見えてくる。

神様になった松陰先生

神社創建のきっかけは、明治二三（一八九〇）年八月、島根県令を辞して帰郷した旧門生の境二郎（斎藤栄蔵）が中心になって村塾の保存会を発足させ、西側のみかん畑に土蔵造りの一小祠を建てたことにある。亡師松陰が生前愛用した赤間硯《あかますずり》を御霊代として祀った境ら有志は、毎年ここで春秋二度——江戸檻送の駕籠が出発した五月二五日と刑死した一〇月二七日の両日に例祭を行い、多くの参詣者を集めた。明治四〇（一九〇七）年一〇月、この小祠をベースに社殿を造り、間もなく県社に列せられた。拝殿には萩城内にあった毛利家守護神宮崎八幡を移築した。二五年前の明治一五年に建てられた東京世田谷の松陰神社に続く、萩松陰神社の発足である。以後、何度も増改築を繰り返し、今日に至っている。

主神は贈正四位吉田矩方《のりかた》（松陰）であるが、昭和三一（一九五六）年一〇月、久坂玄瑞ら村塾に学んだ四二柱を祭神として合祀した。神紋は吉田家の五瓜《ごか》に卍《まんじ》の紋であり、宝物として松陰肖像や遺書となった「留魂録《りゅうこんろく》」をはじめとする三六〇冊の書籍のほか、幅物、自筆書簡をふくむ巻物、衣類など多数を有する。

四畳半の幽室

安政二（一八五五）年暮、一年二カ月ぶりに野山獄を出た松陰は、大勢の家族が待つ生家の杉家に戻った。無罪放免ではなく、病気療養の名目で父百合之助《ゆりのすけ》に一時お預けとなったものであり、なお罪人の境遇であることに変わりはない。城下を出歩くことはむろんできず、外部の人びととの接触も一切禁じられ、ひたすら自宅の一室に謹慎するように求められたのは、そのためである。

　この時期、杉一族の住む家は、無給通士（四九石）瀬能《せのう》吉五郎《きちごろう》（その子、百合熊《ゆりくま》は、明倫館兵学教場でも学んだ村塾生）の借家であった。明治に入り、瀬能家から杉家が譲り受けたが、今は松陰神社の所有となっている。旧宅平面図を見ると、後に増築した四畳半の茶室を除き、大小一〇室が並ぶ畳数だけで五四畳半におよぶ大きな家であるが、松陰の起居した幽室と呼ばれる小さな部屋は、この家の西端にあった。松下村塾の東側、瓦葺きの小さな門を潜るとすぐの所、今はしめ縄が張られている四畳半の部屋である。部屋の東奥、畳一枚分に神棚や仏壇が祀られており、実は三畳半ほどのスペースしかなかった。

　八畳一間の塾舎ができる安政四（一八五七）年一〇月頃まで、松陰はここで起居したが、間もなく夜間密かに出入りする人びとに教え始めており、勉強机を置いた極めて狭い空間に師弟が相対した。村塾の草創期、いわゆる幽室時代であり、最初の塾生、高洲《たかす》滝之允《たきのじょう》や玉木彦介らが来た安政三年三月頃から翌四年一〇月までの一年七カ月間に出入りした人びとは計四六名、塾生全体の半ばを数えた。

松陰神社大鳥居（萩市椿東椎原）

四畳半の幽室（萩市椿東新道）

杉家（同前）

松下村塾

松陰神社の大鳥居を潜り境内をまっすぐ進むと、松下村塾の札を掲げた二棟続きの塾舎が、正面社殿の左前方に杉旧宅と並んで建っている。参道を挟んだ社務所のちょうど向かい側にある幽囚の家、実は生家の杉旧宅と共に、大正一一（一九二二）年、国指定の文化財（史跡）となった。

近世私塾の代表例としてあまりにも有名な松下村塾は、その知名度とはうらはらに木造瓦葺き平屋建て一〇・二五坪（五〇・九平方メートル）の小屋であるが、もともと杉家の宅地内にあった納屋を改造した八畳一間に、後から増築した四畳半一間、三畳二間の計一八畳半と土間一坪余から成っている。当初からあった八畳の講義室には、授業用の長机が一つ残されているが、大勢の塾生たちが出入りした最盛期には、おそらくもっと多くの机が並んでいたはずである。

八畳の講義室の床の間に掛けられた松陰肖像画や傍らの坐像は、むろん後世のものである。以前は門生の松浦《まつうら》松洞《しょうどう》が描いた画を模した原田経宇の作品が掲げられていたが、今は原本のレプリカに代えられている。白い石膏

松下村塾（萩市椿東新道）

八畳の講義室（同前）

永訣の歌碑（松陰神社境内）

製の坐像は、秋山貞一の作と伝えられるが、経歴等は明らかでない。床柱に掛かる孟宗竹に彫られたいわゆる松下村塾の聯、「万巻の書を読むに非ざるよりは、寧《いずく》んぞ千秋の人たるを得ん。一己の労を軽んずるに非ざるよりは、寧んぞ兆民の安を致すを得ん」（原漢文）は、済世救民の士たろうとすれば、日々努力して万巻の書に取り組むことから始めるべしと弟子たちに説いたものである。隣接する瀬能家の邸内に生えていた竹に松陰が筆書きし、外叔久保五郎左衛門がこれを刻んだものというが、その時期や経緯などは明らかでない。いずれにせよ、村塾の床柱を飾るようになったのは、松陰没後のことである。おそらく亡師を敬慕する弟子たちが掲げたものであろう。

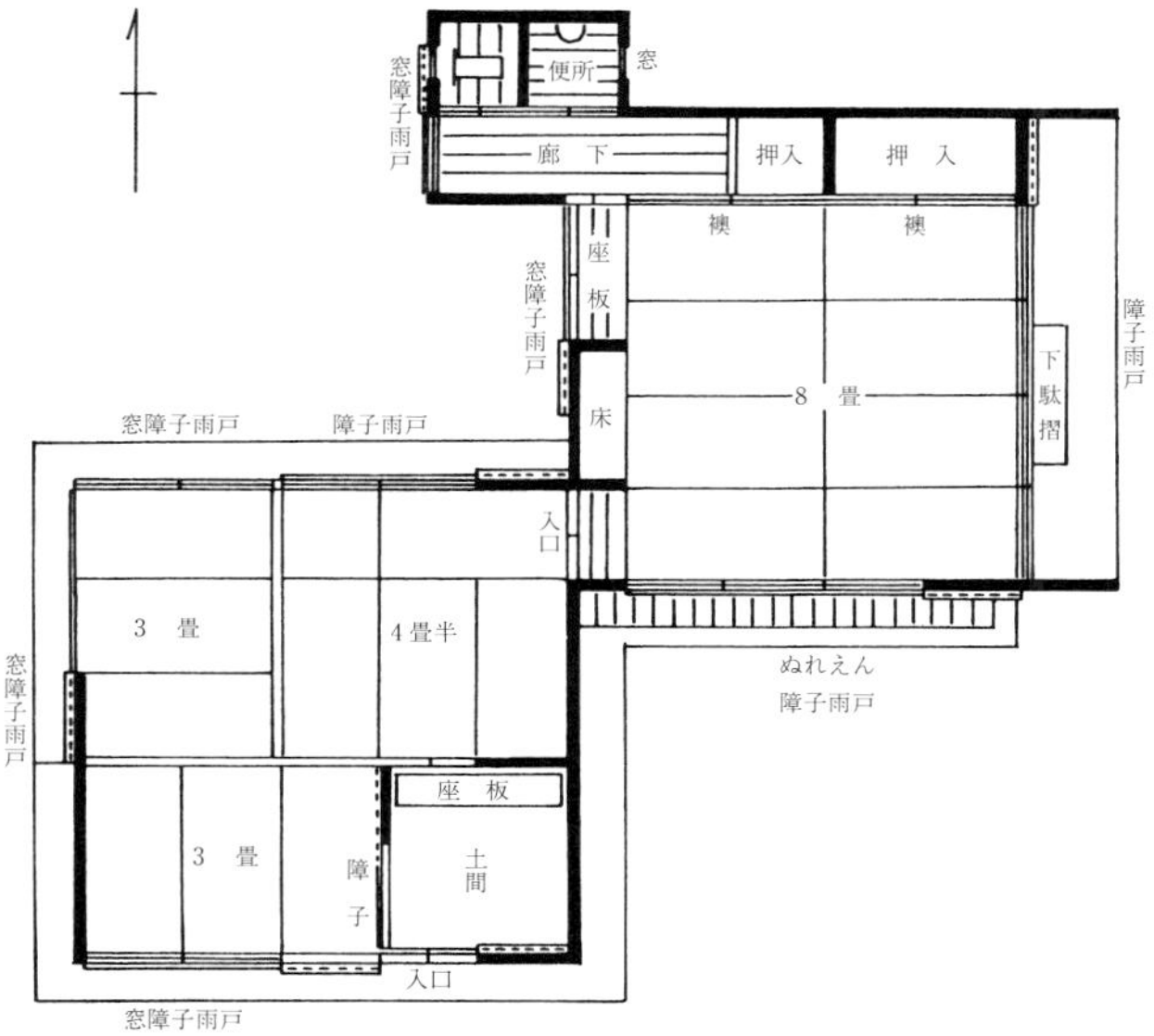

松下村塾平面図

安政五（一八五八）年暮、萩城下にやって来た梅田《うめだ》雲浜《うんぴん》が松陰の依頼で書いたという塾札は、その後行方不明となり、現存する南側入り口に掛かる松下村塾のカンバンは、明治に入り新しく作られた。村塾保存に熱心な土地の名士滝口吉良《よしなが》が筆を揮ったものという。

なお、入り口正面の壁一面に、師の松陰を囲むように久坂玄瑞や高杉晋作ら世に出た計一二名の門下生たちの大きな画像や写真が掲げられているが、右端上に見える明治の元勲木戸孝允、もと桂小五郎は、明倫館兵学教場における生徒であり、村塾に出入りし教えを乞うたことは一度もなく、とうぜん村塾生ではない。木戸の知名度にあやかった観光客目当ての特別サービスらしいが、ここでお目に掛かると、やはり場違いの感は免れがたい。

永訣の歌碑

「親思ふこころにまさる親ごころけふの音づれ何ときくらん」は、安政六（一八五九）年一〇月二〇日、江戸伝馬町の獄中より郷里の家族、正確には父・叔父・兄の三人へ送った手紙の中にある辞世の歌であり、追伸で二人の母、すなわち養母久満《くま》と実母滝《たき》の身の上を案じながら、自分の首は江戸に葬り、萩では永年愛用の硯を身代わりに祀り、墓石には松陰二十一回猛士とだけ記してほしいと書き添えている。

この碑は境内の東、村塾の前にある。傍らの案内板が歌意を解説して、「まことに親を思う孝子の至情の表われであり断腸血涙の絶唱である」というのは、刑死を数日後に控えた松陰の再び会うことのない家族への万感の思いを映したものであろう。なお、石碑の上部に彫られているのは、松陰神社の神紋でもある吉田家の五瓜に卍の紋である。昭和三七（一九六二）年、萩国際ライオンズクラブの承認を記念してこの地に奉納、建立された。

薩長土連合密議之処の碑

松陰神社境内の駐車場東隅にある。文久二（一八六二）年正月某日、薩・長・土三藩の志士がこの地にあった鈴木勘蔵の旅宿に会し、討幕を密議したことにちなんだものであり、土佐の坂本龍馬、薩摩の田上藤七《たがみとうひち》、長州の久坂玄瑞ら三人の名前が記してある。昭和四三（一九六八）年、明治維新一〇〇年記念の建立であり、題字はもと宰相の岸信介が書いた。

明治維新胎動之地の碑

松陰神社境内の駐車場西隅にある。維新革命の原動力となった松陰とその教育を顕彰したものであり、前出の碑と同じく、維新一〇〇年を記念してこの地に作られた。岸の実弟で時の宰相佐藤栄作の書である。

明治九年萩の変七烈士殉難之地の碑

初め萩の変一〇〇年にあたる昭和五一（一九七六）年に、市内恵美須町の刑場跡に前原一誠《まえばらいっせい》らの死を悼んで建立されたものであるが、平成一八（二〇〇六）年の没後一三〇年祭にさいし、神社本殿と並ぶ松門神社の前、境内の東北隅に移設された。前原一誠、もと佐世八十郎《させやそろう》は村塾の高弟であるが、彼と共に斬首された奥平謙輔《おくだいらけんすけ》ら六名のいわゆる烈士は年齢的に若く、最晩年の玉木文之進が主宰する村塾に出入りしたことはあるものの、松陰に直接教えを乞うた事実はない。

明治維新胎動之地（同前）

薩長土連合密議之処（同前）

明治九年萩の変七烈士殉難之地
（萩市恵美須町）

松陰食堂のメニュー（同前）

神社境内の土産物店と軒を並べる唯一のレストラン。松陰の家系図や村塾門下生名鑑、あるいは「身はたとひ武蔵の野辺に朽ちぬとも留め置かまし大和魂」の辞世の歌などが所狭しと掲げられているのは、いかにも場所柄を反映して面白いが、とりわけ目を引くのは、松陰や晋作、維新などの名を冠したうどんやそばがメニューになっていることだ。かやく定番メニューと銘打つ松陰うどんとそばが一番安く五八〇円、納豆入りの晋作うどんとそばが七〇〇円と高く、格差があるのはなぜか解せないが、あるいは松陰先生はあくまで質素倹約を常とし、晋作は日頃から派手好みで贅沢であったから、やや値段が高くなっているということだろうか。もっとも、値段の高い晋作うどんは、粘々の納豆がせっかくのだし汁とミスマッチした感があり、あまり旨い食べ物ではない。

松陰食堂

2　玉木文之進旧宅　萩市椎原新道一五八四　一

松陰兄弟も学んだ村塾

松陰神社の境内を出てすぐ左へ入る緩やかな坂道を東へ七〇〇メートルほど行くと、左手に昔ながらの木造萱葺き平屋建ての家が見えてくる。門前の左右に「玉木文之進旧宅」と「松下村塾発祥之所」の二つの碑が並んでいる。天保一三（一八四二）年、叔父玉木文之進が自宅に創めた松下村塾であり、少年時代の松陰も兄梅太郎らとここに学んだ。

旧宅は建坪二三・二坪、八畳の座敷のほか六畳一間と四畳半三間、三畳半の玄関、四畳半の板間と土間の台所などがあり、それに風呂場と便所を付設した、ごくありふれた構えであるが、ここはもともと吉田家の所有であり、松陰の養父大助が死んだ後、空き家になっていたのを借り受けたものである。文之進が地方の代官として赴任し、家を閉じていた時期もあるが、隠退後は再びここに戻り、居宅兼学塾として使った。玉木家の所有になったのは、明治四（一八七一）年以降のことであるが、昭和一九（一九四四）年に文之進の孫、玉

松下村塾発祥之所・玉木文之進旧宅
（萩市椎原新道）

玉木文之進旧宅案内板（同前）

木正之《まさゆき》から萩市に寄付され、今は萩市指定の文化財（史跡）になっている。

庭前に立つ案内板には、「乃木希典《まれすけ》も元治元年（一八六四）一六歳のとき、この家に寄宿し、教えを受けながら明倫館に通学した」とあるが、文之進は公務の余暇に出入りする近隣の門生に時折教えることがあったから、当時源三と名乗っていた乃木もその一人であろう。間もなく弟の真人《まこと》（玉木正誼《まさよし》）や集作らも長府城下からやって来た。

なお、文之進が空屋になっていた松陰の村塾を受け継ぎ、もう一度、松下村塾の塾札を掲げたのは、明治五（一八七二）年正月のことであり、九年一一月六日、前原一誠（佐世八十郎）の萩の乱で自刃するまで、多くの塾生たちにここで教えた。

3　団子岩の景勝地――萩市椿東字椎原

玉木文之進旧宅の前から、護国山（東光寺山）の方角へ延びる坂道を二、三〇〇メートル登ると、右手に松陰が生まれた家の跡地、俗に団子岩《だんごいわ》の誕生地跡が出てくる。もと萩城下に住む藩士八谷《やたがい》聴雨《ちょうう》の山荘・樹々亭《じゅじゅてい》を譲り受けたもので、松陰が山宅、山屋敷などというように、山麓の一角に作られた粗末な家である。建物は早くに失われ、今は跡地に残る敷石で、往時の雰囲気を何ほどかうかがうほかはない。

生家・樹々亭の跡

福本椿水《ちんすい》の推定では、家の大きさは玄関三畳、表座敷八畳、居間六畳、四畳半のほかに台所、物置、厩舎などであった。三畳の間がもう一つあったという説もあるが、仮にこれを合わせても、計二四畳半のスペースしかなく、常時一〇人近くを数えた杉家の住まいとしては、いささか狭すぎた。松陰をふくめ、次々に生まれる子供たちは、玄関の三畳一間に起居したというが、ありえない話ではなかろう。

杉家はその後、松陰神社から目と鼻の先の清水口の高洲家に移り住み、やがて今の神社境内にある家で暮らすようになった。団子岩の誕生地跡には寄り付く人もほとんどなく、荒れ果てたままであったが、維新後、郷土の偉人松陰の名が知られるようになると、跡地の保存や整備が始められた。初め椿東青年会、後には松陰神社維持会の手で急坂の狭い山道を改修し、跡地を広げるなど見学に訪れる人びとの便宜を図った。近年は萩市が中心になり周囲に植樹を行い、各所にベンチや説明板を配するなど付近一帯の公園化が本格的に進められ、今では萩観光に欠かすことのできない人気スポットの一つとなっている。

吉田松陰先生誕生之地の碑

跡地の一角、小高い築山の中にある。碑文は、大正一一（一九二二）年八月、最晩年の山県有朋が書いた。また最近、敷石の背後に建てられた「萩指定史跡吉田松陰誕生地」と題する案内板によれば、建物配置図やその後の経過などが詳しく分かる。萩市街を一望する景勝の地であり、ここに立つと、玉木の旧宅や松陰神社などはむろんのこと、はるか向うに萩城のあった指月《しづき》山を見ることができる。

松陰と金子重之助の像

団子岩の誕生地へ向かう坂道を登った正面に、松陰と金子重之助《かねこしげのすけ》の師弟を配した台石まで含めれば高さ八メートルの巨大な像がある。昭和四〇（一九六五）年、維新一〇〇年を記念して建てられたものであり、萩出身の彫刻家長嶺武四郎の作である。萩城下、指月城の方角を向いているが、遠眼鏡《とおめがね》を手にした金子がひざまずきながら師松陰を見上げているポーズは、下田の海岸で米艦を求めて苦労した師弟の情景を映したものであろう。

一族と松陰の墓

師弟像の左手一帯に、松陰とその一族が眠る墓所がある。「史跡吉田松陰の墓ならびに墓所」の案内板が示すように、入り口正面の目につきやすい場所に久坂、玉木、杉三家族の墓が並び、吉田家の墓は左手の一番奥の辺りにある。松陰の墓を挟むように、右に吉田家第七代の養父大助とその妻久満

誕生地跡の敷石（萩市椿東字椎原）

吉田松陰先生誕生之地（同前）

誕生地から見た萩城下（同前）

の墓が並び、左に吉田家第一一代の庫三《くらぞう》の墓がある。その左隣に眠る吉田稔麿《としまろ》（栄太郎）は、松陰門下生四天王の一人と注記されているように、一族の人ではない。また前面に一時期村塾で教鞭をとった馬島甫仙《まじまほせん》の墓、背後に久坂と共に松門の双璧と称された高杉晋作の墓がある。松陰の愛した大勢の弟子たちの代表として、この地に墓が作られたものであろう。

松陰の墓所というが、ご当人の墓はきわめて質素な作りで、一見それと分かりにくい。礎石からの高さ一・六メートルほどの自然石で作られた、こじんまりした墓である。表に刻まれた「松陰二十一回猛士墓」の碑名は、刑死直前に松陰が遺言したもの。裏には「姓吉田氏、称寅次郎、安政六年己未《きび》十月二十七日於江戸没、享年三十歳」とある。万延元（一八六〇）年二月七日、没後一〇〇カ日にちなみ、遺髪を埋めて作られた。墓前に久保久清（清太郎）以下一七人の門生や松陰の妹たちが寄進してその名を刻んだ石製水盤・花立・灯篭などが並んでいる。

松陰二十一回猛士墓（同前）

師弟像（同前）

墓所の全景（同前）

4　野山獄と岩倉獄跡――萩市大字今古萩町

道を隔てた二つの藩牢

JR東萩駅から松本川に架かる萩橋を渡り、西へまっすぐ四〇〇メートルほど進んだ所が今古萩《いまふるはぎ》町である。門田歯科と中島医院の並ぶ四つ角の常念寺筋を左折して南へ行くと、すぐ道の両側に野山獄《のやまごく》と岩倉獄《いわくらごく》の跡地が現われる。正保二（一六四五）年、萩藩士岩倉・野山両家の争いでお家取り潰しとなった後に作られた藩牢であり、西側の野山獄は士分の牢（上牢）、東側の岩倉獄は庶民の牢（下牢）とされた。

下田踏海の失敗で捕らえられ、在所蟄居の処分となった松陰と金子の師弟は、嘉永七（一八五四）年一〇月二四日、萩城下に着くとそのまま獄に繋がれた。もと大組士の松陰は野山獄、足軽出身の金子は岩倉獄に収容された。江戸伝馬町牢がそうであったように、卒分の足軽・中間は、百姓・町人と同じ扱いだったためである。金子は間もなく病没、松陰は一年二カ月後に出獄したが、三年後の冬、もう一度、投獄された。安政五年末から江戸檻送となる翌六年五月二五日まで、約五カ月間におよぶ野山再獄である。

野山獄跡

野山獄は、明治四（一八七一）年の廃藩置県にともなう治安・警察制度の一新によって廃止された。

大正一三（一九二四）年、跡地に「野山獄十有弍烈士之碑」と「十一烈士絶命之処」が建てられた。十有弍烈士、あるいは十一烈士とは、文久・元治年間、藩内抗争で刑死した前田孫右衛門《まえだまごうえもん》ら正論派の士を指すが、坪井九右衛門《つぼいくうえもん》や椋梨藤太《むくなしとうた》ら俗論派の人びとも多数ここで斬られた。左手奥の「合霊碑」は、野山獄で刑死した正俗両派はもちろん、ここで没したすべての人びとを供養するためのものであり、昭和四九（一九七四）年、今古萩町内会の手で建てられた。

野山獄跡に立つ案内図によれば、南北各六室、計一二室の獄舎だけでなく、司獄役宅や番人詰所・炊事場、検視固屋、刑場などの詳細が分かる。一時期松陰がいたという「野山獄北第一舎」とは、北側に並ぶ六つの獄舎のうち

岩倉獄跡（同前）

野山獄跡（萩市大字今古萩町）

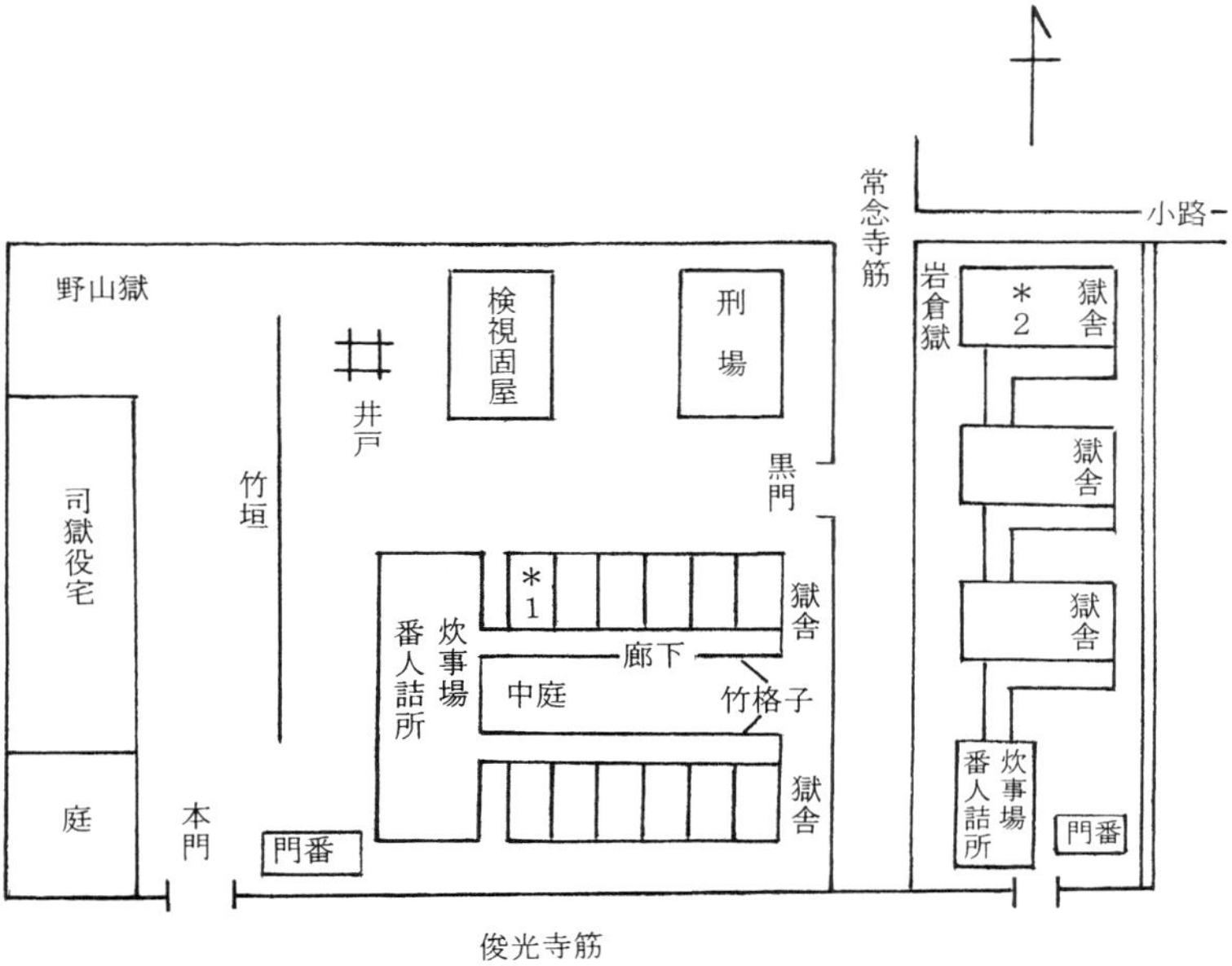

野山・岩倉獄（＊1は松陰，＊2は金子の部屋）

金子重輔君絶命之処（同前）

一番奥、左端の室であろう。

岩倉獄跡

道を隔てた向かい側の岩倉獄には、三つの獄舎が南北に軒を列ねており、やや大き目の雑居房であったことが分かる。野山獄跡の建碑と同じ年、「金子重輔君絶命之処」、また昭和八（一九三三）年、松陰の詠じた「獄中聞渋木生訃」の碑が建てられた。金子の碑銘は、萩出身の陸軍大将、のちの宰相田中義一の書。その左脇に立つ詩碑は、先述したように、獄中で金子の死を聞いた松陰が万哭《ばんこく》の想いを綴ったものである。

5　旧明倫館跡——萩市大字堀内

文武諸芸の藩立学校

享保三（一七一八）年一二月、五代藩主毛利吉元《よしもと》によって創建された藩校明倫館《めいりんかん》は、城南三の丸の平安古《ひやこ》惣門西隣、新堀川の北、現在の住所表示でいうと、堀内一区の二にあった。「古明倫館差図」を見ると、敷地九四〇坪、南側の一角に馬場を東西に走らせ、本門を入った正面に聖堂、その奥に講堂を設け、左右に射術場、手習場、礼式場、槍場、兵法場など、文武の教室を配していた。

江向《えむかい》に移設後は、藩士の宅地となり、学校関係の建造物はすべて消滅し、現在は跡地に「旧明倫館址」と記した小さな碑が立つのみである。人通りのほとんどない静かな武家屋敷の一角である。

天保九（一八三八）年、九歳で家学教授見習として出仕した松陰は、家学後見人をすべて解かれ独立の師範となった嘉永元（一八四八）年、一九歳の暮れまで、この明倫館で教えている。護国山麓の団子岩の生家からだと、明倫館まで直線距離でも四キロ近くはあり、徒歩で優に一時間を要したことが分かる。

旧明倫館址（萩市大字堀内）

6 明倫小学校構内の遺跡——萩市大字江向

明倫館の重建

嘉永二（一八四九）年正月に堀内から江向《えむかい》に移転された新しい明倫館は、萩市役所の道を隔てた正面に位置する明倫小学校の地にあった。総面積は一万四三四九坪、旧明倫館の一挙に一五倍に拡張され、学校経費も創設当初の修補料高五〇〇石の七倍にあたる三五〇〇石が計上された。とうぜん学舎の規模・内容も面目を一新し、聖廟や講堂をはじめ、書庫・学頭舎・書生寮・小学舎・演武場・学校御殿・水練池・銃陣場・医学所など、文武両道を修めるためのさまざまな施設が完備された。

観徳門（萩市大字江向・明倫小学校構内）

南門（表御門）

観徳門

市役所を挟む国道一九一号沿い、明倫小学校の東門脇、観光客のもっとも目に着きやすい場所にある観徳門《かんとくもん》は、もと孔子を祀る聖廟の前門であった。木造瓦棒銅板葺き、左右に唐破風《からはふ》を備えた平唐門である。一時、本願寺萩別院に移され、客殿の門となっていたが、昭和五七（一九八二）年、現在地に移築された。

南門（表御門）

新明倫館の正門として建てられたもので、明倫館全体の南に位置したところから名づけられた。藩主が聖廟を拝する春秋の釈菜《せきさい》や公的行事以外には開かれず、平素の出入りには東西の二門を使用した。明治以降、西田町の本願寺別院の表門、また本願寺萩幼稚園の表門となったが、火災で幼稚園が消滅したのを機に、もとあった場所に移築された。切妻造り本瓦葺き桁行三・九四メートル、梁間三・一五メートルの四脚門の体裁は往時のままである。門前に東西三六〇余メートルの馬場が設けられていた。

有備館

観徳門の向こう側に見える幅一〇・八メートル、長さ三七・八メートルの木造平屋建ての南北に長い学館は、江戸藩邸内にあった文武講習場の名称を借用したもので、当時は藩士の剣槍の練習や他国修行者との試合をする場所であった。つまり江戸の有備館《ゆうびかん》とは教育の目的や内容が異なる単なる剣槍の教場であり、現在、西側入り口に掛けられている「他国修業者引請場」のカンバンがむしろ実情に近い。

水練池

聖廟の背後に設けられた諸生の遊泳および水中騎馬の練習用の池であり、小学校構内の北側に今も残されている。幅一五・五メートル、長さ三九・五メートル、深さ一・五メートルの本格的なもので、江戸時代のいわば学校用プールである。東西に作られている石段は、かつては騎馬で乗り入れができるように斜面であったらしい。

他国修業者引請場（同前）

水練池（同前）

二つの記念碑

校舎南側に明倫館碑二基が建てられている。向かって左側の碑は、元文六（一七四一）年二月、六代目藩主毛利宗広《むねひろ》が明倫館創建の由来を記したもの。また右側の碑は、嘉永二（一八四九）年三月、一三代目藩主毛利敬親《たかちか》が重建明倫館の開校を記念して新し

重建明倫館碑（同前）

明倫館碑（同前）

聖賢堂（同前）

吉田松陰先生講学の跡（同前）

く作ったものである。もと校庭の東側、聖廟のあった場所に建てられていたが、南門の原状回復のさい、現在地に移されたものである。

兵学教場の跡

校庭内にはもう一つ新しい記念碑がある。東門を入り、水練池に向かう途中に見える「吉田松陰先生講学の跡」がそれであり、昭和三三（一九五八）年、松陰没後一〇〇年記念事業の一つとして建てられた。嘉永四年三月、江戸遊学に出発するまで兵学教場で松陰が山鹿流兵学を教えたことにちなんだものである。

聖賢堂

水練池の南にある長さ七・六メートル、幅二・八メートルの小さな建物である。もと聖廟の前、観徳門の左右にあった東塾と西塾を合わせたものであり、一時期、東田町の阿呼社境内に移築されていたが、のち現在地に戻された。聖廟で行われる釈菜の儀式に要する諸道具を収めた場所であり、一〇畳半の座敷は祭の準備などにも使われた。

その他の遺構

明倫館の遺構は市内各地に移設されている。聖廟は北古萩《きたふるはぎ》にある曹洞宗海潮寺の本堂となっている。聖廟の前に巡らした泮水《はんすい》に架かる万歳橋《ばんせいばし》は、萩城に近い堀内の志都岐山《しづきやま》神社境内で見ることができる。石造りのいかにも中国風の太鼓橋である。

重建明倫館が江向の地に開校した頃は、杉家は松陰神社を出てすぐの清水口の高洲家に同居しており、出仕は以前よりずいぶん便利になったが、嘉永三（一八五〇）年の夏以後は、諸国遊歴に出掛け、しかも東北脱藩行で士籍剥奪となり、明倫館教授の地位を追われたため、松陰がこの新しい学舎で教えたのは、わずか二年足らずの短い期間である。

7　金谷神社の大木戸跡——萩市大字椿町二七九四

城下への出入りを取り締まる

萩の中心街より国道二六二号をまっすぐ南下し、橋本川に架かる橋を渡ると間もなく左手に金谷《かなや》神社が見えて来る。菅原道真を祀り、古くは金谷天満宮と呼ばれていた。萩城下の南の出口にあたるところから、江戸時代にはこの神社前に旅人の出入りを検分するための大木戸があった。両脇を木柵で囲い、中央に門柱を設け、番所を置いていた。嘉永年間作成の「萩城下絵図」を見ると、神社前の道を塞ぐように設けられていたことが分かる。

金谷神社（萩市大字椿町）

松陰も旅へ出るさい、ここで何度も見送りの人びとと別れを惜しんだ。嘉永六（一八五三）年正月二六日、諸国遊歴の旅に出る松陰を見送った門人たちの多くは、金谷天神を待ち合わせの場所にし、兄杉梅太郎らは、ここからさらに大谷縄手の辺りまで見送った。

「金谷天満宮と大木戸」の案内板がいうように、この大木戸は、日没の酉の刻（午後六時）から夜明けの卯の刻（午前六時）まで門を閉じ、夜中は城下への出入りを一切差し止めるのが定めであったが、身元のはっきりしたサムライ身分は例外的に扱われたらしい。たとえば九州へ向け旅立った嘉永三（一八五〇）年八月二五日、松陰は朝五時前にこの大木戸を通過し、また帰りには、年末の一二月二九日の夜八時過ぎ、ここで帰着した旨を告げており、門の開閉は必ずしも厳密なものではなかったことが分かる。あるいは彼の九州遊歴が、藩許を得た半ば公用の旅であったためかもしれない。

8 涙松の遺址――萩市大字大屋

雨の萩城下に別れる

山口へ向かう国道二六二号を関田橋《せきだ》の手前で右の集落に入り、大屋川沿いの道を南下し、観音橋を渡り明木へ向かう旧往還の坂道を数百メートル登っていくと、途中に涙松《なみだまつ》と呼ばれる大きな老松があった。萩より旅立つ人はここで惜別の涙を流し、また遠い旅から帰った人は無事を喜ぶ涙を流したところから名づけられたものという。

安政六（一八五九）年五月二五日、江戸へ松陰を護送する一行は、ここで駕籠を止めて小休止した。「これが萩の見じまいなれば、一寸見せてくれ」という松陰の願いを容れたものであり、駕籠の戸を開けた彼は、しばらく雨の中に遠くかすむ城下を眺めた。

涙松の遺址（萩市大字大屋）

老松はすでに失われて見ることができないが、大正三（一九一四）年、その跡地に椿村青年会が江戸檻送の故事にちなんだ碑を建てた。碑面に刻まれた「帰らじと思ひさだめし旅なればひとしほぬるる涙松かな」は、このとき松陰が詠んだものである。再び帰ることのない死出の旅路の感懐を、雨に濡れた涙松の姿に託したものであろう。

9 萩往還の歴史公園――萩市大字椿悴ヶ坂

萩有料道路の新名所

萩市内からまっすぐ南下し、JR山陰線を越えてすぐ、阿武《あぶ》川沿いに続く国道二六二号と分かれて直進すると、明木村（現・萩市大字明木）へ抜ける萩有料道路（一・一キロ）が現れるが、その料金所の手前に道の駅・萩往還公園がある。松陰やその弟子たちを題材にした維新の群像と松陰記念館を最大の呼び物にした、近年流行のいわゆる歴史公園である。なお、平成二二（二〇一〇）年三月付で有料道路はなくなり、料金所も姿を消した。

維新の群像

公園に足を踏み入れると、目の前の建物入り口付近に高杉晋作・吉田松陰・久坂玄瑞の三人像がある。その向こう側に相対するように、山県有朋（小助）・木戸孝允（桂小五郎）・伊藤博文（利助）の三人像、品川弥二郎・山田顕義（市之允）の二人像、天野清三郎・野村靖（和作）の二人像が所狭しと並んでいる。明倫館兵学門下生の木戸を除けば、すべて村塾生であるが、いずれも維新政府の顕官となり功なり名遂げた人びとである。伊藤と山県は総理大臣、品川は内務大臣、山田は司法大臣、野村は内務・逓信大臣に挙げられるなど、松門切っての有名人であるが、イギリス留学後、技術系官僚として活躍した天野、実は渡辺蒿蔵《こうぞう》は昭和一五（一九四〇）年に九七歳で死んだ。つまり松門最後の塾生であったことも、無関係ではないようだ。

総計一〇人の群像が公園を訪れる人びとを出迎えるようにずらりと並んでいる様は迫力満点であるが、等身大の立派な像であるだけに、初めてお目にかかるとびっくりする。天気の悪い日や夕暮れ近く訪れると、森に囲まれた辺りの寂しい景色もあって、いささか異様な感じがしないでもない。なお、作者は萩出身の彫刻家長嶺武四郎である。

松陰記念館

道の駅の建物は、瓦葺き、白壁作りの美しいデザインで江戸時代にタイムスリップしたような雰囲気を醸し出しているが、松陰記念館はこの建物の主要な部分を占めている。松陰の生涯や旅の足跡をはじめ、村塾における教育、主な門下生などを松陰関係史跡案内模型やパネル等の機器を活用しながら説明してくれるが、極め付きは、村塾の授業風景を原寸大に復元していることであろう。八畳一間の講義室に十数人の塾生たちがひしめき、松陰先生を交え白熱した議論を闘わせている様子は、さもありなんといった感じで、なかなか興味ぶかい。

いずれも萩有料道路が開通した平成四（一九九二）年春、維新百年記念事業の一環として松風会を中心とする地元有志の手で完成されたものである。

維新の群像（萩市大字椿悴ヶ坂・萩往還公園）

群像の全景（同前）

授業風景（同前）

10　明木橋の詩碑——萩市大字明木

囚われの身で帰国する

下田踏海の失敗で国許送還、親元での蟄居の幕裁となり、江戸から護送されて来た松陰と金子重之助二人の駕籠は、嘉永七（一八五四）年一〇月二三日の夜遅く、明木宿に入り一泊した。萩城下に入る前日であり、護送役人がいうように、ここで江戸から三一日にも及ぶ長旅の垢を落とし汚れた衣服を改めるなど、いかにも公用の旅らしい体裁を整えたかったのであろう。

山口から萩へ向かう国道二六二号ともと有料道路の分岐点の右手に延びる細い道を明木川沿いに入って左折、明木橋を渡り北へ向かって進むと、木立を出たところに、「過明木橋」と題した立派な詩碑がある。前漢の武帝の臣、司馬《しば》相如《しょうじょ》の故事にならい、志を立てて故郷を出た自分は、今罪人となり檻輿《かんよ》の身で明木橋まで戻って来たが、いささかも恥じるところはない。「今日檻輿の返、是れ吾が晝錦《ちゅうきん》の行」、白昼堂々と錦を身にまとい帰国した想いであると、むしろ昂然と胸を張ってみせたものである。なお、松陰ら一行の泊った集落は、ここから少し戻った明木市《あきらぎいち》の辺りらしい。

明木橋の詩碑（萩市大字明木）

萩往還・明木への道

11 東送通過之地――萩市佐々並中の作

萩から佐々並《ささなみ》村へ向かう旧往還、ひなたせ峠付近は、国道二六二号の改修工事で大きく変貌した。現在、中《なか》の作《つくり》の道路公園となっている辺りが、往時の旧街道とされるが、その一角に「吉田松陰先生東送通過之地」と刻まれた碑がある。

江戸檻送の旅

題字の右下に刻まれた説明文にあるように、昭和三五（一九六〇）年五月二五日、松陰の没後一〇〇年を記念して建てられたものであり、題字は、松陰の生家である杉家を継いだ八代目当主、兄梅太郎（民治）の孫にあたる杉道助《みちすけ》が書いた。一〇〇年前の同じ日、江戸へ檻送される松陰が、この地を通過したことにちなんだものである。

なお、碑文に刻まれた七言絶句の詩は、ここから四キロほど離れた夏木原《なつきばら》の地で詠んだものである。

吉田松陰先生東送通過之地碑
（萩市佐々並中の作）

12　夏木原の二つの碑——萩市佐々並夏木原

満山のサツキに想いを託す

国道二六二号を日南瀬《ひなせ》まで来て右へ延びる県道六二号に入り、三キロほど進むと小吹《こぶき》峠へ向かう林道が現われる。この分岐点を右へもう少し進むと夏木原《なつきばら》である。この夏木原には、萩藩主が参勤交代で往来するさいに休憩する茶屋があった。松陰を乗せた東送の駕籠もここまで来てしばし休憩しており、「吾れを縛し台命もて関東に致《おく》る云々」（原漢文）で始まる詩は、このとき作られた。昭和三五（一九六〇）年五月二五日　松陰先生百年祭記念事業推進会が没後一〇〇年にちなんで「松陰先生遺跡　夏木原」と刻んだ碑を作った。初め口屋（茶屋）跡とされる場所にあったが、県道改修のさい、もとあった地より若干位置が動かされた。二〇・五センチ角、高さ七二センチほどの小さな碑である。

もう一つ、観光客の目をひく「吉田松陰先生東送之碑」と題する大きな詩碑は、昭和五八（一九八三）年四月、松風会の手で建てられた。碑文は、岸信介の書。

吉田松陰先生東送之碑（萩市佐々並夏木原）

松陰先生遺跡・夏木原（同前）

今も残る小さな池を中心にそれらしき景観が復元・整備されており、いかにも茶屋跡を思わせる雰囲気である。近年、傍らに「吉田松陰先生と夏木原」と題する案内板が設けられた。いずれも二三年前に建てられた松陰先生遺跡の碑の手前にある。

13　荻野時行旧宅跡と浄蓮寺　萩市大字須佐松原四一〇〇

北浦巡検の宿

瀬戸内の周南市からだと国道三一五号を鹿野町、阿東町を経て萩市須佐《すさ》町へ入る。萩からJRで来ると、山陰線須佐駅で下車し、線路沿いの国道一九一号を須佐川まで来て、橋を渡ってすぐ左折、川沿いを数分歩いて須佐保育園の箇所でもう一度橋を渡ると、間もなく右手に萩市須佐図書館が見えてくる。ここから二、三〇メートル先を左折すると、浄蓮《じょうれん》寺の山門前に出る。旧荻野《おぎの》邸、現在の嶽家は、この浄蓮寺山門の左手にある。

家自体は近年新しく建て替えられたものであり、松陰時代のそれとは様相を異にするが、池を配した立派な庭園は、ほとんど往時のままである。なお、現在住んでいる嶽家の人びとは、荻野の一族とは何の関係もない。

旧荻野家庭園（萩市大字須佐松原）

浄蓮寺山門（同前）

嘉永二（一八四九）年六月二七日、萩城下を発した松陰ら北浦巡検の一行は、須佐浦に着いた。宿舎は、益田家臣の荻野邸である。この家の子、のち村塾の門を叩くことになる育英館生の荻野時行《ときゆき》（佐々木貞介）は、当時まだ一六歳であるが、巡検使一行の世話を命じられており、とうぜん松陰との接触もあった。翌日、船で江崎浦へ向か

月性剣舞の図
（山口県柳井市遠崎・妙円寺蔵）

った松陰らは、陸路を田万《たま》村へ行き、石見国との藩境、仏峠まで足を延ばした後、須佐に戻った。帰りも、船で須佐から萩をめざそうとしたが、激しい波風に阻まれて船を出すことができず、七月二日、陸路をとることになり、宇田の遠見番所—阿武郡阿武町宇田を出て田部《たぶ》へ至る国道一九一号のトンネルの辺りを検分、そこから奈古浦（現・阿武町奈古）を経て萩城下に戻った。

藩巡回講談の場所

荻野邸の傍らにある真宗本願寺派の浄蓮寺は、早くから松陰と親しかった周防大島郡遠崎村妙円寺の勤王僧月性《げっしょう》が度々出入りして、この地の領主益田氏より依頼された「忠孝談」と称する講筵《こうえん》、実は海防論を行った場所として知られる。現在の本堂は、弘化三（一八四六）年に改築というから、月性が尊王攘夷の熱弁をふるったのは、まさしくこの場所である。

14　郷校育英館跡——萩市大字須佐四三七三

益田家臣団の学校

松下村塾と塾生の交換教授を行い、また僧月性がおそらく出講したであろう郷校育英館《いくえいかん》は、ここからさして遠くない場所にある。図書館前の道を須佐保育園のところまで戻り、橋を渡り左側へ入ると、すぐに育英小学校の校舎が見えて来る。運動場の西側端に立つのが、もと郷校育英館の門を昔のままに残したものである。すぐ近くの運動場隅に、これを記念した石碑がある。育英館跡の説明板には、村塾から久坂玄瑞や伊藤博文らがここを訪れて学んだとあるが、久坂は、安政五（一八五八）年二月に江戸へ遊学し、翌年二月まで帰らなかったから、この時期、須佐に姿を現わすことはない。当時まだ利助と称していた伊藤は、安政五年三月下旬、村塾での約一カ月におよぶ勉学を終え須佐へ戻る荻野時行に同行した村塾生十数名の中にいたと思われる。

なお、育英館と村塾の交換教授は、安政五年二月頃から六月頃まで数度におよび行われた。須佐から来た育英館生の中に荻野のほか、大谷茂樹、内藤与一郎、宇野精蔵、益田邦衛らがおり、また萩城下から来た村塾生の中には、中谷正亮、佐々木亀之助、謙蔵、梅三郎の三兄弟、久保清太郎、富永有隣《ゆうりん》、原田太郎、増野《ましの》徳民《とくみん》らのいたことが判明している。

育英館門（萩市大字須佐）

育英館跡の碑（同前）

15　心光寺境内の遺跡——萩市大字須佐四三六九

須佐勤王党の拠点

育英小学校の南方、郷校育英館の門からさほど遠くない地に心光寺《しんこうじ》がある。浄蓮寺へ通ずる道を少し戻り、須佐川に架かる橋を渡ってすぐの山裾にある。巷間伝えられる心光寺での僧月性と久坂玄瑞の会談は、裏書する史料がなく、詳細は分からない。むしろここは、禁門の変に中軍総督として出征した須佐の領主益田親施《ちかのぶ》が、敗戦の責めを負い切腹した場所であり、あるいは育英館に学び、萩の村塾生でもあった大谷樸助《おおたにぼくすけ》（茂樹）らが組織した回天軍の本営として知られる。境内に立つ「大谷樸助君碑」は、村塾で机を並べた山県有朋や品川弥二郎らが旧友大谷の功績を称えて記したものである。元治二（一八六五）年三月一日、「諸隊義兵」への参加をめざす回天軍の旗揚げを咎められ、志半ばで憤死した彼は、寺の裏山の小さな墓に眠っている。

萩へ向かう国道一九一号は、須佐を出ると間もなく二つの長大なトンネルに入る。藩政時代にはむろんこの道はなく、萩から須佐をめざす旅人は皆、険しい山坂を幾つも越えなければならなかった。「万岳千山須佐の路、満天の風雨一《いっ》蓑《さ》衝《つ》く」（原漢文）は、僧月性が、激しい風雨の中を萩から須佐遊説にやって来たさいに作った勇壮な詩の一節である。村塾と育英館との数度におよぶ交換教授も、このルートを介して行われた。

心光寺山門（萩市大字須佐）

大谷樸助君碑（同前）

16　維新館——阿武郡阿武町奈古

北浦巡検のさい、宇田の遠見番所を見た松陰らの一行は、夕方には奈古《なこ》浦に着き、ここで一泊した。悪天候のため舟を下り陸路を来たものである。

奈古の松下村塾

須佐から来ると、国道一九一号沿いの右手に県立奈古高校がある。JR山陰線奈古駅からすぐの場所である。正門を入ったところに、二代目校長山本明治が制定した奈古高校の校訓「孝」の大きな碑がある。裏面に松陰が愛読して止まなかった「孝経」の一節、「身体髪膚《はっぷ》はこれを父母に受く、敢て毀傷《きしょう》せざるは孝の始なり。身を立て、道を行ひ、名を後世に揚げ、以て父母を顕《あら》はすは孝の終なり」（原漢文）が刻まれている。奈古の松下村塾として有名な維新館は、ここからまっすぐ進んだ正面玄関の左側にある。

維新館（阿武郡阿武町奈古）

孝の碑（同前）

山本校長は、早くから熱心な松陰ファンとして知られたが、彼は奈古浦での宿舎跡や巡検の道筋を辿るのでなく、高校の構内に松下村塾を模築し、松陰先生の教育精神を生徒たちと共に学ぶことをめざした。木造平屋建て、瓦葺き、五二・八九平方メートルの建物は、萩にある一八畳半の村塾をそっくりそのまま再現したものである。工事が始まると、放課後、校長自らが率先して教職員や生徒と一緒に大工さんの仕事を手伝ったのは、村塾増築のさい、師弟共同で完成させたやり方を真似たものであり、万事に松陰精神に倣うことをめざした。維新館の名称は、傍らに立つ案内板がいうように、建物落成の昭和四三（一九六八）年が明治維新一〇〇年に当たったからである。入り口に掛かる名札は、杉家九代目当主の杉丙三《へいぞう》が書いた。

設立当初の維新館は、男子生徒には座禅、また女子生徒には作法、茶道、生け花など、精神修養の場として盛んに活用されたが、しだいにそうした課外活動も下火になり、今では高校教育とはほとんど無縁な存在となっている。現に、この建物が萩の村塾を再現したことを一切知らない人も沢山いる。数年前、奈古高校を訪れ松下村塾はどこかと尋ねたとき、近くを掃除している生徒はむろん、教職員もほとんど答えられない事実に大いに驚いた経験があるが、山本校長の時代からすでに数十年の歳月を経たことを考えれば、むしろ当然であろう。建物の管理・運営が学校側から同窓会の孝紫会の手に移されたことも、あるいはその一因かもしれない。

17 日和山巡検の跡——下関市豊北町大字阿川

阿川湾の守りを見る

萩から西へ約四七キロ、国道一九一号を阿川海水浴場まで来ると、右手に阿川八幡宮が見えてくる。ここを右折して、海岸沿いをしばらく進み、左手の小さな道へ入る。小型車の通行がやっとの狭い生活道路であるが、この道を浦まで行くと、小さな湾内に出る。

嘉永二（一八四九）年七月九日、船で阿川に着いた松陰ら巡検使の一行は、本浦に上陸して止宿した。翌一〇日は雨風が激しく、止むなく陸路を滝部《たきべ》、湯玉《ゆたま》まで進み、一一日には、さらに特牛《こっとい》を経て肥中《ひじゅう》に出た。一二日、肥中から陸路を、海岸沿いに附野《つくの》、島戸浦と戻って来た松陰は、浦の湾内の右手に見える小高い地、日和山《ひよりやま》に登って台

松陰先生登臨之跡碑
（下関市豊北町大字阿川）

松陰亭（同前）

場や周囲の景観を検分した。

二つの記念物

現在、その跡地に、「松陰先生登臨之跡」の碑と「松陰亭」が建てられている。海岸に面した登り口には、豊北町と観光協会の手になる日和山松陰亭の説明板がある。昭和四（一九二九）年、松陰没後七〇年祭を記念して阿川村出身の代議士佐々木照山《しょうざん》が記念碑と松陰亭を建てた。碑文は、玄洋社社長頭《とう》山満《やまみつる》の筆である。なお、傍らの松陰亭は、三〇年の風雪を経て原型をとどめぬまで破壊されてしまったため、昭和三四（一九五九）年一二月、松陰没後一〇〇年を記念して復元・建立された。ただ、新しい松陰亭はコンクリート製の建物のためか、いささか情緒に欠ける感じはやはり否めない。

18　烈婦登波の碑　下関市豊北町大字滝部

国道一九一号を阿川から特牛《こっとい》まで来て四三五号に入り、東南へ五、六キロほど進むと滝部の集落に出る。特牛、滝部ともに北浦巡検のさい、松陰らが舟を降り陸路を来た村々であるが、豊北総合支所近くの小高い地にある滝部八幡宮には、松陰が文を書いた烈婦登波《れっぷとわ》の巨大な碑が、参道入り口の右側に聳えている。

登波の義挙を讃える

登波の表彰は、安政三（一八五六）年、先大津郡代官勝間田盛稔《かつまだもりとし》が藩に申し出て行ったものである。その後、代官となった周布《すう》政之助《まさのすけ》が、建碑を考え、親しい松陰に碑文の執筆を依頼した。ただ、建碑は、その後の藩内の事情や周布の突然の死などで実現しなかった。維新後、松門の伊藤博文が村長にそうした経緯を伝え建碑を勧めたが、財政難で実現に至らず、大正四（一九一五）年に入り、もと長府藩士の桂弥一が滝部村出身の実業家、クラブ化粧品で財を成した中山太陽堂社長中山太一に相談してようやく陽の目を見た。中山が経費の大部分を負担し、土地の有志らと協力して建てたものである。大正六年に竣工した。

烈婦登波の碑
（下関市豊北町大字滝部）

登波の碑の傍らに、豊北町と観光協会が連名で建てた案内板には、松陰がこの稿を書くため一カ月間、村塾の授業を休んだとあるが、これは安政四（一八五七）年六月三日付の「諸生に示す」に、「余頃《このご》ろ心に一文を構ふれども、事、考拠《こうきょ》に待つあり、拠率《にわか》に能く弁ずる所に非ず。因つて厳に一月を課し、諸君を謝絶し他業を廃棄し、以て之れを成就せんと欲す」とあるのを踏まえたものであるが、厳密にいうと正しくない。

「討賊始末」敍によれば、烈婦登波の碑文とは別に松陰は、登波がなぜ敵討ちをしたか、その詳細をつぶさに綴った史伝風の一書を編んだ。短い碑文と異なり、本文は、「茲《ここ》に長門国大津郡向津具村川尻浦、山王社宮番幸吉が妻に登波と云へる烈婦あり。其の実家の父は甚兵衛とて、豊浦郡滝部村八幡宮宮番なり。滝部も亦大津郡代の宰判とぞ。宮番と云へば、乞食非人などに比べて××より又一段見下げらるる程の者なるに、彼の幸吉夫妻の所為は、天晴大和魂の凝固せる士大夫にも愧ぢざる節操なり。いで其の縁由を説かん」で始まる、延々数十枚に及ぶ大部の文章であり、この執筆に多大の時間や労力を費やしたことは想像に難くない。末尾に、「討賊始末取徴文書」と題してリスト・アップされたこの一件に関する沢山の書類を見ても、その苦心のほどがうかがえる。

ただ、碑文そのものは、「丁巳《ていし》七月既望、識す」とあり、安政四年七月一六日に書いたことが知られる。「討賊始末」を脱稿したしばらく後に、短時日でまとめたものであろう。

19　四郎ヶ原に泊る　美祢市大嶺町西分

嘉永三（一八五〇）年八月二五日、松陰は九州遊歴の旅に出た。「早発。械《かせ》ヶ坂《ざか》を越えて夜明く」というから、金谷《かなや》天神の大木戸を抜けて大屋方面に向かい、観音橋を渡り、涙松や大師堂を経て、悴坂《かせがさか》一里塚の辺りで夜明けを迎えたことが分かる。ここまでの距離から見て、早朝四時頃に家を発ったのであろう。午後五時頃に四郎ヶ原に着いた。萩城下から一一里（四四キロ）の行程である。

赤間関街道の宿駅

萩から下関へ向かう県道三三号を四郎ヶ原まで来ると、右へ入る旧道がある。この道を二〇〇メートルばかり行くと、左手に「吉田松陰投宿之碑」が出てくる。碑文に「宿は特定できないが、ここ四郎ヶ原は、松陰に旅の第一夜の夢を大きく結ばせた」とあるように、この界隈《かいわい》で一泊したとしか分からないが、県道に再び合流するまでのほぼ半キロに及ぶ集落が、かつての四郎ヶ原宿である。

松陰のおそらく宿泊先とされる本陣河崎家は、ここから七〇メートルほど先の左手にある。隆光寺の南側、城原《じょうげん》小学校の近くである。なお、JR美祢線四郎ヶ原駅から来ると、萩方面へ厚狭《あさ》川沿いを一キロばかり戻った辺りであり、徒歩二〇分を要する。

吉田松陰投宿之碑（美祢市大嶺町西分）

20 本陣伊藤静斎旧宅跡——下関市阿弥陀寺町・春帆楼下

何度も来た馬関の宿

もと阿弥陀寺、今は赤間神宮の左隣に日清講和談判の場所として有名な春帆楼《しゅんぱんろう》があるが、昭和三九（一九六四）年一月に下関郷土会の建てた「本陣伊藤邸址」の碑と下関市の案内板は、この春帆楼の玄関を出て右手の細い石段を海岸へ向かって下りたところにある。傍らに「明治天皇西国行幸（西郷隆盛供奉）行在所《あんざいしょ》手水鉢」と注記した手水鉢《ちょうずばち》があるのは、明治五（一八七二）年六月一〇日の行幸時のものである。

同年八月の「学制」頒布後は、養治《ようじ》小学校の校舎として使われ、宮田町に小学校が移転後は、一時盲唖学校に転用されたこともあるが、現在、その痕跡を示すものは何もない。赤間神宮前のバス停から西へ十数メートル戻った場所である。

嘉永二（一八四九）年七月一八日と一九日の両日、北浦巡検で馬関に現われた松陰は、この伊藤家を訪ねている。翌三年夏から年末にかけて試みた九州遊学の旅では、往きの出発早々に風邪を引き、発熱したこともあり、八月二六日から二八日まで三日間、この伊藤家に滞在した。帰りは一二月二八日、帰国の挨拶に訪れたが、宿泊はしていない。

本陣伊藤邸址（下関市阿弥陀寺町）

21　徳山城下の村塾　周南市徳山・学園台

松陰先生への憧れ

嘉永四（一八五一）年三月七日、江戸遊学の途上、徳山城下を通過した松陰は、「徳山は市井《しせい》厳粛にして雑踏の態なし、其の居貨を観るに、皆日用の要需か然らずんば武器書軸の類のみ、餌餅《じべい》酒肉少なし。其の士風ここに於て想ふべし」と記しているが、前後数回の通過をふくめ、この地に泊まったことは一度もない。はっきりした理由は分からないが、おそらく徳山の地が、萩城下を発った旅人たちの次の宿場への一日行程のちょうど中間点に位置したためらしい。そのためかどうか、この辺りに松陰の足跡を示す記念碑らしきものは一つもないが、もと徳山城下、今の周南市内には、萩の村塾を忠実に模した二つの村塾が、さほど遠くない山口放送と徳山大学の二カ所にある。

山口放送前の村塾（周南市徳山）

徳山大学の村塾（周南市学園台）

野村幸祐の村塾

最初に作られた村塾は、ＪＲ徳山駅の北方、一・五キロ余の地にある。駅からまっすぐ国道二号まで来て、右折するとすぐ右手に周南市美術博物館がある。ここを左折して文化会館の方角に進むと、その向こう側に山口放送が現れる。この広い構内を入った左手の一角に模築された村塾がある。平成元（一九八九）年一一月、時の山口県教育会会長でもある山口放送社長野村幸祐が、「日本人の魂を見失い道義頽廃、エゴ横行の浅ましい世相」を嘆き、松陰精神に学びながら、世直しをめざしたものである。松陰殉難一三〇年を偲んで作られたものであり、当初は、社員研修など企業内教育の場として活用された。野村社長の没後、そうした活動はほとんど行われなくなったが、今もなお、郷土の偉人を顕彰する歴史的建造物として市民一般から愛されている。

高村坂彦の村塾

徳山駅前から国道二号に出て東へ二キロばかり進むと、左手に徳山中央病院が見えてくる。次の交差点を左折し、斜め方向へさらに一キロほど進むと徳山大学の前に出る。復元されたもう一つの村塾は、構内の小高い丘の上にある。

昭和四六（一九七一）年に開校した徳山大学の創立者高村坂彦《こうむらさかひこ》（衆議院議員、徳山市長）は、戦後教育の荒廃を嘆きながら、「塾教育、たとえば松下村塾」の再評価を進めるべきというように、村塾教育をモデルにした新しい大学を考えていた。開学早々に松陰会を作り機関誌『松風』を刊行して、松陰精神の普及・拡大に努めた。村塾の模築はその延長線上で構想されたものであり、開学二〇周年の平成二（一九九〇）年一〇月に完成、今も大学教育のシンボル的存在となっている。

22　師弟訣別の地——周南市呼坂

安政六（一八五九）年五月二七日の早朝、福川宿を発ち徳山、遠石《といし》、花岡と旧山陽道を来た江戸檻送の駕籠は、呼坂《よびさか》の地を通過した。藩政時代、花岡と高森をつなぐ半宿《はんじゅく》として栄えた地であり、松陰もまた、山陽道を往来する途中、何度もここで足を止めている。「呼坂宿駅本陣趾」は、彼がしばしの休息をとったと思われる場所である。

断腸の別れ

村塾に学んだ作間《さくま》（寺島）忠三郎はこの村の出身であるが、「送別詩歌集」に収められた「先だちて我れはひがしに向ふなりいつか来にけむ君のくるまも」によれば、先回りしてこの地で師の駕籠を迎えようとしたことが分かる。松陰は、「呼坂にてしる人の陰ながら見送りける時」と記しながら、「取りあへぬ今日の別れぞさちなりきものをもいはば思ひをぞまさん」と詠んでおり、また作間は、「よそに見て別れゆくだに悲しきを言にも出でば思ひみだれん」という歌を残している。東へ去る駕籠を物陰から見送る作間が、師松陰と束の間の別れを惜しんだものであるが、むろん一語も交すことはできなかった。

吉田松陰・寺嶋忠三郎訣別の地
（周南市呼坂）

花岡方面から来ると、国道二号を周南市原の交差点で右折、岩徳《がんとく》線を越えてすぐの道をもう一度右折し、西へしばらく戻った山口銀行呼坂支店の駐車場脇に、「吉田松陰・寺嶋忠三郎訣別の地」の碑と二人の思いを映した歌碑が建てられている。刻まれた歌の一部、「かりそめの」は「取りあへぬ」、また「思いましなん」は「思ひをぞまさん」が正しい。

忠三郎の誕生地

生家は、師弟訣別の場所から数百メートル離れた畑地の中にある。「寺島忠三郎誕生の地」の石標や「刀山寺島先生碑」と題し、辞世の詩を刻んだ大きな碑などが並び、小公園と称しているが、実は民家の庭先をそれらしく表現しているにすぎない。なお、忠三郎が萩の養家を出て旧姓の寺島へ戻ったのは、文久元（一八六一）年であり、この時はまだ作間姓である。

刀山寺島先生碑（同前）

史跡・呼坂宿駅本陣趾（同前）

23　富永有隣終焉の地――熊毛郡田布施町城南区瓜迫

村塾の賓師富永先生

JR田布施《たぶせ》駅前を南下、すぐ右折して県道二三号の光・上関線を田布施川沿いに二キロ余行くと、右手にASAHI製作所の大きな建物が見えてくる。ここを右折して数十メートル北進すると、間もなく右手に松陰と共に塾生たちに教えた、いわば村塾における助教格の富永有隣《ゆうりん》旧宅跡を示す小さな木標が出てくる。山手へ向かう狭い道を上がると、すぐ右側が瓜迫《うりさこ》農村公園である。旧宅跡は正面の空き地であり、「富永有隣碑」の大きな石碑を見ることができる。裏面に「昭和丁丑《ていちゅう》歳秋　門人有志建之」と記されているように、昭和一二（一九三七）年に有隣の教えを受けた人びとの手で建てられた。明治三三（一九〇〇）年一二月、数え年八〇歳で死んだ有隣は、最晩年まで土蔵の二階で教えたというから、昭和年代まで生き残った門人たちが発起したものであろう。碑銘は、旧萩藩宗家を継いだ公爵毛利元昭《もとあきら》の筆になる。

記念碑の台石に張られた銅版は、明治維新一〇〇年を記念して作られたものであり、梅田東洋が書いた「名を青史に伝う　寧《いずくん》ぞ快しと為さん、骨は黄沙に曝《さら》して初めて香有り」は、有隣が野山獄中から松陰に贈った詩の一節であり、また「獄に入りて奇遇

富永有隣碑（熊毛郡田布施町城南区瓜迫）

土蔵の塾舎跡（同前）

し奇士を得たり、互に青史を把《と》りて廃興を論ず」は、これに応えた松陰の「出獄後、在獄の富永有隣に寄す。其の贈らるる韵《いん》を用ふ」と題する長詩の一節である。

私が二十数年前、昭和六三（一九八八）年の夏にこの地を訪れたときは、石碑の西方に有隣が近隣の子弟を集めて教えたと伝えられる古い二階建て、二間半と三間ほどの土蔵があったが、今はそのかけらもなく、空き地に雑草が生い茂っているのみである。近くに住む老婦人に尋ねると、周囲の竹がはびこって危険になったため解体されたというが、国木田独歩「富岡先生」のモデルになった有隣ゆかりの建物であるだけに、まことに惜しい。

このとき、石碑の傍らの案内板が倒れたままになっていたのに憤慨した記憶があるが、今はそれすら撤去され、誰の碑かさっぱり分からなくなっている。これでは町内で有隣の旧宅跡を尋ねても、一向に知る人がなかったのも納得がいく。

不思議といえば、目の前に広がる瓜迫農村公園なる存在である。周囲に農家が一、二軒点在するだけの、文字どおりのどかな田園風景の中に農村公園なる憩いのスペースをわざわざ造る意味が果たしてあるのか、素直に理解しがたいところがあるが、これもまた、史跡保存のいい加減さとセットになったものだろうか。

24　室津港の詩碑　熊毛郡上関町

望郷の想いをつづる

嘉永五（一八五二）年秋、長崎に来航したプチャーチンの軍艦でロシア密航を企てた松陰は、大坂天保山から船に乗り九州をめざしたが、一〇月一五日の朝、室津《むろつ》（上関町）に着いた。上関《かみのせき》到着を知らせる船頭の声を聞きながら、「帰郷夢断えて涕潸々《なみださんさん》、舟子喚び醒す是れ上関と。篷窗《ほうそう》怪しむなかれ起き来ること晩きを、国を去りて看るに忍びんや故国の山」（原漢文）と詠んだ。船中で見た家郷へ帰る夢から覚め、思わず涙が溢れて止まらなかったというのだが、故郷の山々を前にしてさすがに心が騒いだのであろう。

松陰詩碑（熊毛郡上関町）

室津港（同前）

昭和五二（一九七七）年、熊毛南高等学校卒業生の手で、この詩を刻んだ碑が、港を眼下に見下ろす山上に建てられた。平生《ひらお》町から県道二三号・光《ひかり》上関《かみのせき》線を室津まで南下し、対岸の長島へ架かる上関大橋のすぐ手前の小高い地である。九州へ出帆前のひと時、船を下りた松陰が、ここに据えられた砲台を見たという言い伝えにちなんだものである。

25　高森の二つの宿――岩国市周東町高森

国道二号をもと周東町役場（現・岩国市周東支所）の地で右折し、ＪＲ岩徳線を越え旧道に交わる四つ角で右折し、数十メートル戻ったところに山口銀行高森支店がある。この駐車場の一帯が、かつて岩本医院のあった場所である。道に面した左側の地に「松陰常泊の地碑」が建てられている。岩本家は杉家の親類筋にあたり、松陰をはじめとする杉家の人びともしばしば訪れたことがあるらしい。兄梅太郎（民治）の五女、松陰の姪にあたる静子《しずこ》が、岩本家から入った養嗣子伊東勘作に嫁いだのも、そうした縁戚関係から来るものであろう。

松陰常泊の地

松陰自身は、嘉永四（一八五一）年三月八日、藩主の参勤交代に随行して江戸遊学に上るさい、この岩本家に一泊した。当時、岩本家は利兵衛の代であり、醤油の醸造や販売業を手広く営んでいた。碑文のいう「岩本家に数回逗留された」は、裏書する史料がないが、護送の囚人の境遇もふくめれば、何度もこの地を通過しており、宿泊自体に間違いはない。

亀屋市之助旧宅跡

嘉永七（一八五四）年一〇月二〇日、江戸から護送されてきた松陰と金子重之助の両名は、亀屋市之助の旅籠に泊まった。もと善本米穀店がそれであり、平成二（一九九〇）年一〇月二七日、店先に土地の有志の手で「吉田松陰先生宿泊之地」の碑が建てられた。間口一〇・五メートル、奥行き一二メートルの家は、松陰らが宿泊した当時の形状を色濃く残しているといわれたが、今はすべて消滅してなく、僅かに碑が、新しい家の塀と電柱の側に隠れるように立つのみである。岩本家のあった駐車場から西へ数十メートル離れた地である。

松陰常泊の地碑（岩国市周東町高森）

吉田松陰先生宿泊之地（同前）

高森宿の辺り（同前）

26 東遊記念碑——岩国市関戸

関戸本陣で休む

嘉永四（一八五一）年三月九日、未明に高森宿を発った松陰は、辰の中刻、すなわち九時頃に関戸《せきど》に到着、遅い朝食を摂った。旧山陽道は関戸の交差点で国道二号と分かれ、ほぼ並行するかたちで国境いの小瀬《おぜ》村へ向かう。関戸の集落に入り一〇〇メートルほど歩いた左手に、「吉田松陰先生東遊記念碑」がある。昭和四二（一九六七）年、明治維新一〇〇年を記念して関戸地区有志の手で建てられた。裏面に刻まれた「奔流滔々《とうとう》として巨川を扼《やく》し」（原漢文）で始まる詩は、「防芸の界に至りて詩あり」と前置きされたように、小瀬川を渡り芸州領へ入るさいに作られたものであり、旅立ちの詩ではあるものの、三キロ近く離れたこの地で見ると、いささか場違いの感がしないではない。

吉田松陰先生東遊記念碑（岩国市関戸）

小瀬へ向かう旧山陽道（同前）

なお、ここから三〇メートルほど先に関戸の本陣東家があった。この家に残された「安政六年御通行方萬《よろず》控」によれば、東遊の旅から八年後、安政六（一八五九）年五月二八日、江戸檻送の松陰を乗せた駕籠が、やはり関戸を通過しており、おそらくこの東家で昼食を摂ったと思われる。

27 国境いの村・小瀬——岩国市小瀬

小瀬川畔の歌碑

国道二号と分かれ、関戸の集落を通過した旧山陽道は、県道一三五号とほぼ重なりながら小《お》瀬《ぜ》川（木野《この》川）へ向かう。クルマのすれ違いがやっとできる狭い、しかも急角度の険しい坂道が続く。関戸峠（標高一四五メートル）を越え、まっすぐ小瀬川の畔まで下りた地に、「夢路にもかへらぬ関を打ち越えて今をかぎりと渡る小瀬川」と刻んだ舟形の歌碑が建てられている。ここから舟で対岸へ渡ると、いよいよ芸州領である。生きて再び見《まみ》えることのない故郷の地に別れを告げる切々たる思いを述べた歌である。碑銘は岸信介の書、昭和四四（一九六九）年五月二八日の日付は、一一〇年前の同じ日に松陰を乗せた江戸檻送の駕籠が、ここ

小瀬川の歌碑（岩国市小瀬）

歴史の道・旧山陽道跡（同前）

渡し口跡（同前）

を通過したことにちなんだものである。

碑の傍らに建てられた「歴史の道・旧山陽道跡」によれば、この道は、遠く大化の改新の頃、奈良の都から大宰府へ通ずる官道として整備された七道中唯一の大路として登場したものであり、江戸時代には参勤交代の大名行列が往来する幹線道路であった。「小瀬川の渡り場跡は、ここより南東約五十米付近にあり、茶屋は、西方約百米付近に設けられていた」とあるように、峠越えの道を小瀬川へ向かって下りた辺りに休憩のための茶屋が設けられていた。関戸に往来する者には、ここが出入り口になり、かつては身分の高い者の通る大名門と一般庶民の通る平時門があったというが、むろん今は、それらしきものは何も残されてない。川を渡る場所は、いま歌碑の立つ地から小瀬川をもう少し南へ下った地にあった。

なお、八年前の東遊の旅でこの地に現れた松陰は、嘉永四（一八五一）年三月九日の日記に、「川を過《わた》りて芸に入り、久野坂を越えて玖波《くば》駅に宿す」と書いており、やはりここ小瀬川の渡し口から舟に乗り、対岸の芸州領、木野村へ足を踏み入れたことが分かる。

第二章　九州への旅——家学修業を志す

嘉永三（一八五〇）年、二一歳の夏に計画された九州遊歴は、山鹿流兵学師範の松陰が藩政府に願書を出し公許を得た家学修業の旅である。当初、留学先は平戸の葉山佐内《はやまさない》のみであったが、後に長崎の御鉄砲方久松土岐太郎《ひさまつときたろう》（高島秋帆《たかしましゅうはん》の次男）の名前が付け加えられている。日々の勉学だけでなく、実技面で西洋兵学の優秀性を実感しつつあった時期だけに、その学習の中心である長崎を訪れ、最新の情報を入手したいと思ったようだ。平戸留学の前後二回、長崎を訪れ、計一カ月近く滞在したのはそのためである。

なお、公許を得たとはいえ、今回の家学修業は松陰の側から願い出たいわば私的な遊学の旅であり、旅費や学費一切をふくめ、すべて私費で賄った。

八月二五日の早朝、萩城下を発った松陰は、途中、馬関で発熱して休んだ三日間をふくめ、一〇泊一一日の旅を重ね、九月五日、長崎に着いた。九月一一日まで七日間長崎に滞在した後、当初の留学先である平戸をめざした。九月一四日、平戸に入るとすぐ葉山左内に教えを乞い、次いで山鹿万介《やまがまんすけ》の積徳堂《せきとくどう》に束脩《そくしゅう》の礼を呈し、ここで約五〇日間学んだ。一一月六日、平戸を出発、再び長崎に入り、一一月八日から月末まで滞在した。一二月一日、長崎を発ち島原、熊本、柳川城下などを経て帰国の途につき、一二月二九日の夜遅く萩の生家に戻った。この間、総計一二三日に及ぶ遊学の旅である。

出発前の願書には、「出足月より往来十ヶ月の御暇」とあり、計画どおりならば、翌年夏頃まで九州の地にいるはずであったが、年末には早くも帰国しており、当初予定の半分以下の四カ月余りで留学を切り上げたことになる。松陰自身はこのことについて何も説明していないが、平戸の葉山邸や山鹿塾での勉学に、いま一つ満足できなかったのかもしれない。再度訪ねた長崎では刺激的な出会いや新しい見聞も多く有益であったが、それ以上におそらく、幕府のお膝元の江戸に出てもっと沢山の学塾に出入りし、高名の先生について本格的な勉強をしたいと考えたのではなかろうか。発熱して寝込んだことも一再ならずあったが、その都度、家郷の夢を見ており、初めての旅でいささか感傷的になっていた嫌いもある。予定外の地への小旅行や書物の購入などで思わぬ出費がかさみ、用意した旅費が残り少なくなり、これ以上留学を続けられなくなったのもあるいは一因かもしれない。

ところで、長崎には三年後の嘉永六（一八五三）年一〇月二七日、再来している。九月一八日、江戸を発った松陰は、東海道を伏見まで歩き、淀川を大坂へ下り、天保山港から船で瀬戸内海を経て豊後鶴崎に上陸、陸路を熊本城下に出て、島原半島へ渡り長崎をめざした。ただ、ロシア軍艦は松陰が到着する数日前に出港しており、密航計画は失敗した。四日後の一一月一日には、早くも長崎を発ったが、これは江戸に戻り、再来を約して去ったペリーの軍艦で改めてアメリカ行きを策するためである。

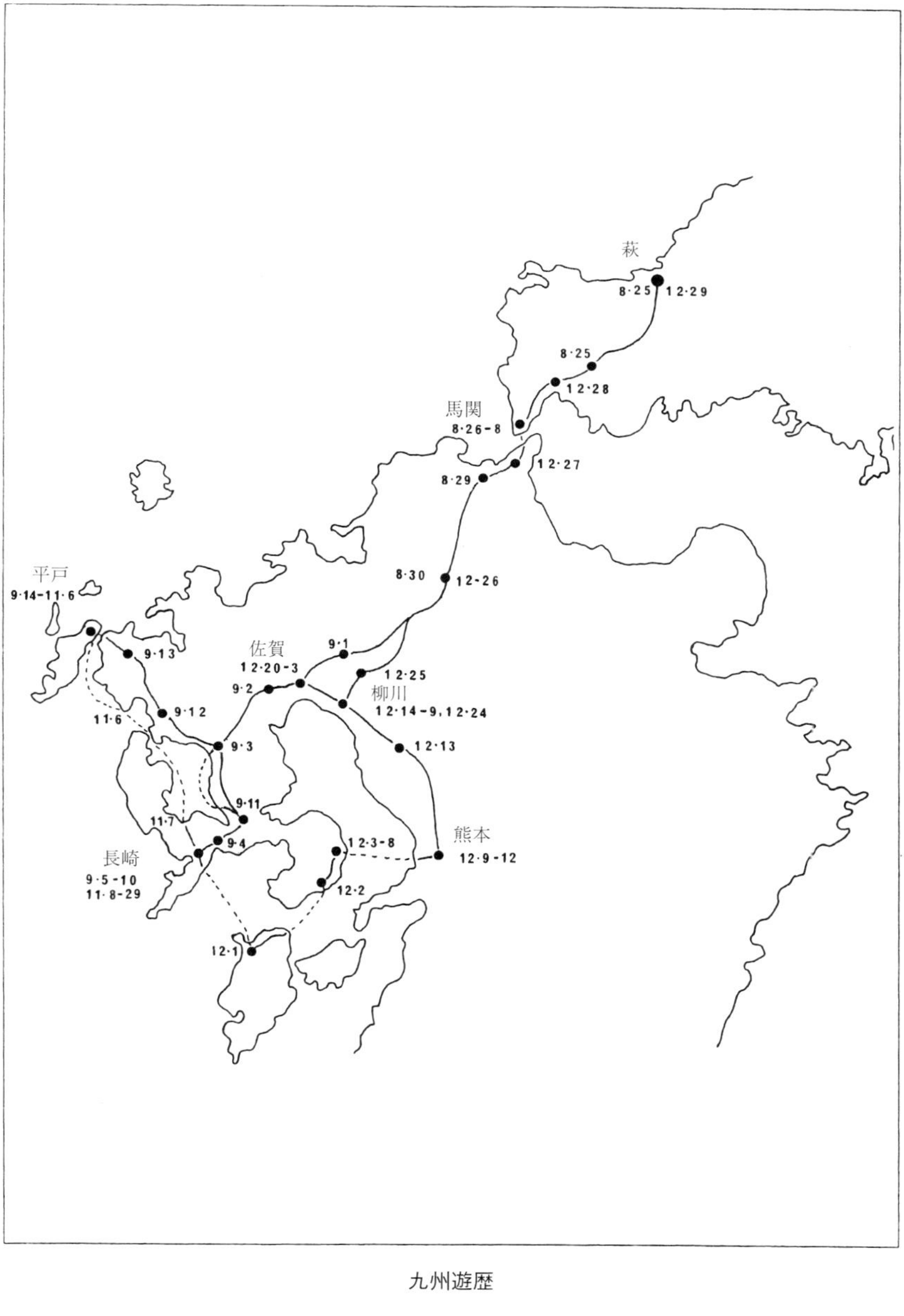
萩
8·25
12·29
8·25
12·28
馬関
8·26-8
12·27
8·29
8·30
12·26
平戸
9·14-11·6
9·13
佐賀
12·20-3
9·1
12·25
9·2
柳川
12·14-9, 12·24
9·12
11·6
9·3
12·13
9·11
11·7
9·4
12·3-8
熊本
12·9-12
長崎
9·5-10
11·8-29
12·2
12·1

九州遊歴

江戸
9・18
9・19
9・20
9・21
9・22
9・23
9・24
9・25
9・26
9・27
9・28
9・29
琵琶湖
10・1
大坂
10・2-9
10・10

長崎への旅

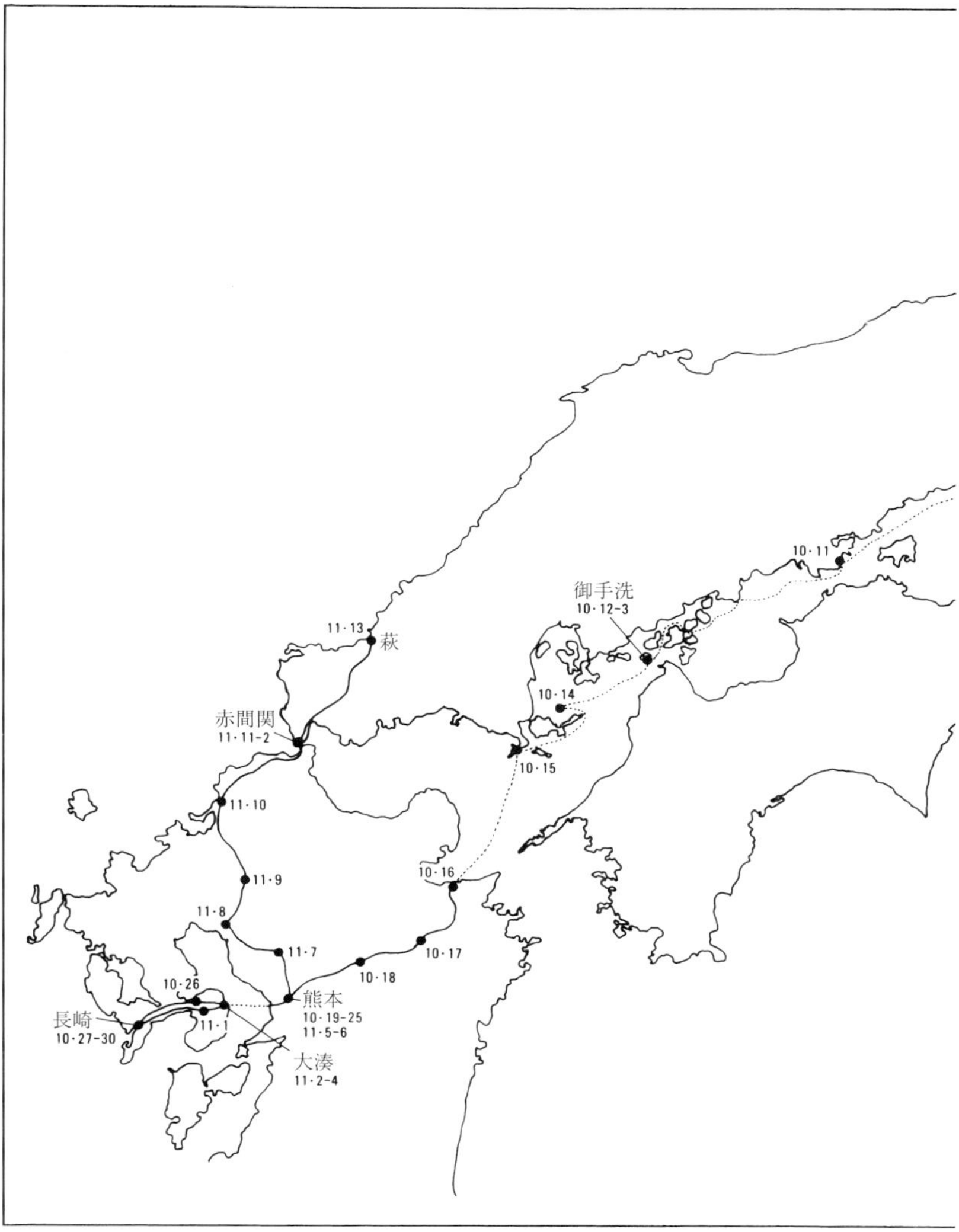
10・11
御手洗
10・12-3
11・13
萩
10・14
赤間関
11・11-2
10・15
11・10
10・16
11・9
11・8
11・7
10・17
10・18
10・26
熊本
10・19-25
11・5-6
長崎
10・27-30
11・1
大湊
11・2-4

江戸から

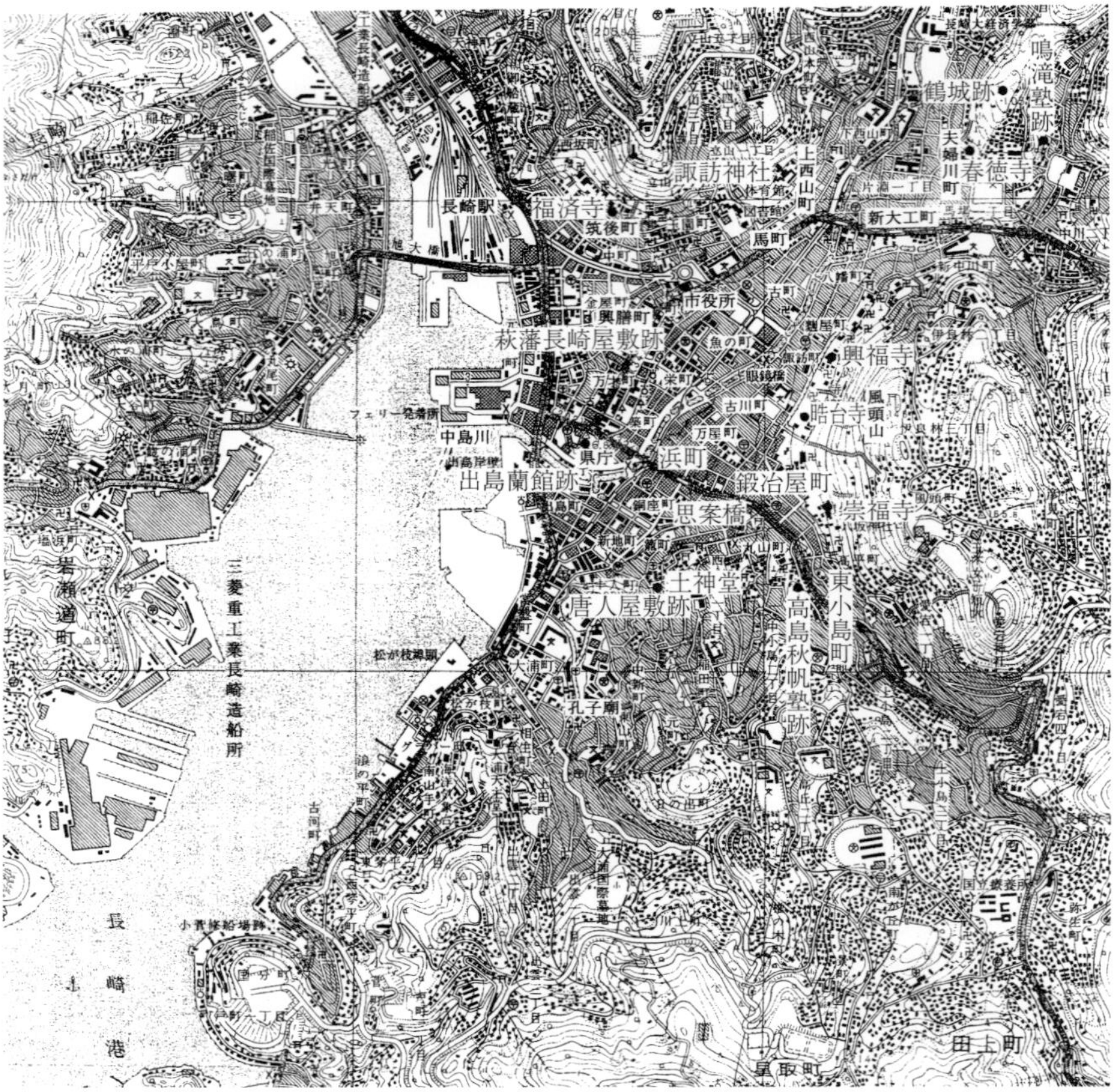
鳴滝塾跡
鶴城跡
春徳寺
夫婦川町
諏訪神社
上西山町
福済寺
長崎駅
筑後町
馬町
新大工町
市役所
興膳町
萩藩長崎屋敷跡
興福寺
晧台寺
中島川
県庁
浜町
出島蘭館跡
鍛冶屋町
思案橋
崇福寺
土神堂
唐人屋敷跡
東小島町
高島秋帆塾跡
孔子廟
三菱重工業長崎造船所
岩瀬道町
長崎港
田上町

長崎市内図

1　萩藩長崎屋敷跡

長崎市興善町六

嘉永三（一八五〇）年八月二九日、亀山八幡宮下から船で馬関海峡を大里《だいり》へ渡った松陰は、黒崎、内野、中原《なかばる》、彼杵《そのぎ》、矢上《やがみ》の泊まりを重ね、九月五日、長崎に着いた。すぐその足で新町、今の興善《こうぜん》町にあった萩藩長崎屋敷を訪ねており、一一日まで七日間滞在した。もともと長崎屋敷はここから西へ二、三〇〇メートル先の五島町にあったが、天明年間に新町、今は町名となっている豪商末次興善《すえつぐこうぜん》の屋敷内に移されたものである。

長崎屋敷に入る

二カ月後、平戸遊学を終えて再来、約一カ月間滞在したときは、この長崎屋敷に挨拶に訪れたが、寄宿先は諏訪神社に近い馬町の周防出身の医者中村仲亮の家であった。

三年後の嘉永六年一〇月二七日、もう一度、長崎に来たときは、思案橋のある浜町の旅宿に草鞋を脱ぎ、新町の長崎屋敷にはまったく寄り付いていない。今回の旅はロシア軍艦への乗り込みという、国禁を犯す大それた企てを胸中に秘していたため、事が漏れるのを恐れたためであろう。

跡地に残る記念碑

長崎県庁前から国道三四号を興善町まで来ると、左手に長崎市立図書館、右前方に長崎中央消防署が見えてくる。ここを右折するとすぐ、一筋目の角に「新町活版所跡」と「詩儒吉村迂斎遺跡」の二つの碑を見ることができる。少し先が長崎県自治会館の入り口であり、傍らに「萩藩蔵屋敷跡・巌流

詩儒吉村迂斎遺跡・新町活版所跡
（長崎市興善町）

坂」の案内板が建てられている。自治会館前の坂道を隔てて小倉藩蔵屋敷があったことから、馬関海峡に浮かぶ巌流島（舟島）を挟む両藩の地勢にちなみ、巌流坂と名づけられたものである。なお、吉村家は代々萩藩に出入りする御用達であり、石碑に登場する迂斎（久右衛門）は、文化二（一八〇五）年没、生前詩人として名が高かった。長崎滞在中、松陰が何度も訪ねた吉村年三郎は、この迂斎の一族らしい。

2　高島秋帆塾跡——長崎市東小島町

オランダ兵学を学ぶ

長崎に着いた翌六日、松陰は砲術稽古のため滞在中の萩藩士郡司覚之進《ぐんじかくのしん》の案内で、オランダ兵学の大家、高島秋帆《たかしましゅうはん》の居宅を訪ねた。市内東小島町の高台に門戸を構え、西洋兵学教授のための雨声楼《うせいろう》や弾薬所、演習所などを併設していたが、百数十年の歳月の中でほとんどを消滅し、今では門前へ至る広い石段や蔦の生い茂った石垣に往時の名残りを僅かに留めるのみである。

国道三二四号を走る路面電車の終点、正覚寺《しょうかくじ》下で降り、右手へ延びる坂道を五分ほど歩くと高島邸跡が見えてくる。八剣《はちけん》神社のすぐ手前である。この頃、当主の秋帆は、洋学者弾圧で悪名を馳せた鳥居耀蔵《とりいようぞう》一派が企んだいわゆる長崎事件で下獄中であり、その子浅五郎に教えを乞おうとしたものである。高島邸には、四日後の九月一〇日にも訪ねたが、平戸遊学を終え、長崎に再来したときは、一層頻繁に出入りした。

事実、長崎に着いた八日から月末までの間、八日、一〇日、一六日、二三日、二八日、二九日の計六回、高島邸に現われ、最新のオランダ渡りの軍備や兵器に関する情報を得ている。

塾舎への石段（長崎市東小島町）

史跡高島秋帆宅跡（同前）

なお、藩政府への願書にある久松土岐太郎でなく、その兄浅五郎に学んだ理由はよく分からないが、幕府鉄砲方という官職にある久松は、下獄中の父秋帆のせいで目立つような行動はできにくい、つまり他藩人に教授できるような境遇ではなかったのかもしれない。

3 崇福寺——長崎市鍛冶屋町

山頂から見た長崎市街

今来た正覚寺下の電停まで戻り右手へ入る道を五分ばかり歩くと、崇福寺《そうふくじ》が見えて来る。朱塗りの三門（楼門）は、鍛冶屋町の唐寺として有名であり、ここを見物した松陰は、「寺後の高山に登りて崎陽《きよう》の形勢を見る」というから、この後、風頭山《かざがしらやま》の頂上（標高一七〇メートル）に登り、眼下に広がる長崎の市街や湾内の景観を眺めたのであろう。

市内から風頭山上へは、曲がりくねった急勾配の坂道を延々と上がっていくルートであり、元気潑剌の若者世代ならばともかく、年配のわれわれが気軽に辿りつけるような場所ではない。山頂一帯は今では桜の名所として知られる風頭公園となっており、ここに立つと、長崎市内はいうまでもなく、遠く対岸を望む湾内の風景が眼下に飛び込んでくる。

崇福寺楼門（長崎市鍛冶屋町）

山上から見た長崎市街

4　晧台寺——長崎市寺町

坂本天山の墓に詣でる

風頭公園のすぐ下が寺町であり、坂本天山《さかもとてんざん》の眠る晧台寺《こうたいじ》がある。風頭山を下りた松陰は、裏山一帯に広がる寺の墓地を訪ね、南側の一角に眠る天山の墓に詣でた。秋帆の師でもある天山は、荻野流砲術の大家として知られた人物であり、山鹿流兵学師範の松陰にすれば、かねて尊崇する大先輩の墓は、長崎で真っ先に訪れたい場所であったにちがいない。

なお、ここにはわが国における写真術の先駆者、上野彦馬やシーボルトの娘、楠本イネら有名人の墓が沢山あるが、むろん松陰とは何の関係もない。市内から来る場合、路面電車を思案橋で下車、左手の道を進むと徒歩五分で寺の門前に出る。

晧台寺（長崎市寺町）

坂本天山墓（同前）
（晧台寺提供）

5　唐人屋敷跡——長崎市館内町

長崎に着いた五日目の九月九日の日記に松陰は、「唐館に至る。仙人堂・土神堂・両船主の房、其の他の諸房に至る」と記している。唐人屋敷は、長崎市内に住んでいた数千人の中国人を一カ所に隔離・収容するための場所であり、一万坪近い広さがあった。かつては周囲を練り塀で囲み、外側に堀を巡らしていたというが、今では、そうした居留地的な景観は一切なく、中国風の装飾を施した門やアーケードにそれらしい名残りをうかがうにすぎない。現・新地中華街から館内町へ至る一帯であり、観光ホテルの並ぶ賑やかな新地中華街を東南へ向かう坂道を一〇〇メートルほど歩くと館内町に至る。

海外情報を聞く

左手の道を行くと福建会館であり、右手へ延びる狭い路地の入り口に土神堂がある。その奥、坂道を登った突き当たりに天后堂《てんこうどう》がある。ここからさらに左手の道を進むと観音堂である。いずれもその昔、唐船の船主らが航海の安全を祈って祀ったものである。松陰の見た両船主の房云々が何をさすのかはっきりしないが、おそらく軒を並べる唐船の船長宅の幾つかに立ち寄ったものであろう。

中国語を学ぶ

平戸から長崎に再来した九日後の一一月一七日、松陰は唐通事鄭勘介を訪ねたが不在で会えず、翌一八日再訪した。かねて疑問の漢語訳について教えを乞い、また若干の中国語を習得しようとしたものらしい。長崎を去る月末まで、連日のように訪ねており、熱心に学んだことが分かる。

鄭の住んでいた家はどこかはっきりしないが、長崎屋敷に近い興膳町にあった唐通事会所か唐人屋敷の一角であろう。

天后堂（同前）

土神堂（長崎市館内町）

出島蘭館ミニチュア（長崎市出島町）

館内町遠景

6 出島蘭館跡――長崎市出島町六

ヨーロッパ最新の知識に触れる

唐人屋敷を見た松陰は、その足で出島のオランダ屋敷に向かった。いったん新地中華街まで戻り、海岸べりに出るとすぐの場所であり、館内町から徒歩五、六分で行くことができる。

江戸時代に作られた扇形の人口島四千坪に並ぶ建造物は、維新後の埋め立てによりすべて消滅し、今はその跡地の一角に復元された幾つかの建物や庭園跡に、昔を偲ぶほかはない。

以前、私が何度か長崎を訪れた頃には、蘭館跡といっても目ぼしいものはなく、復元された石倉やミニ出島の模型ぐらいであったが、今では主要な建物が原寸大に復元され、陳列された珍しい調度品と共に、オランダ貿易最盛期の出島の雰囲気を醸《かも》し出すのに大いに成功している。JR長崎駅から路面電車に乗り出島で下車すると、中島川に面して建てられた国指定史跡「出島和蘭商館跡」がある。扇形をかたどったほぼ同じ広さの敷地内に、カピタン部屋（商館長の事務所兼住居）、ヘトル部屋（商館長次席の住居）、拝礼筆者蘭人部屋（オランダ人書記官長の住居）、乙名《おとな》部屋（日本側事務官の詰め所）、料理部屋、旧石倉（現・考古館）、一番船船頭部屋、一番蔵（砂糖の貯蔵庫）、二番蔵（染料・蘇木の貯蔵庫）、三番蔵（輸入雑貨の貯蔵庫）、旧長崎内外クラブ（明治三六年設立の在留外国人の社交場）、旧出島神学校（明治一一年創立）などが軒を連ねており、一周するだけで優に二時間を要する見所満載の場所になっている。

当日の日記に、「館内徽号を立つる大柱あり、薬園あり、加比丹《かぴたん》其の外の諸房あり、白砂糖・蘇木等の倉庫あり」とあるように、松陰もまた、庭前に立つオランダ国旗を掲げた巨大な旗竿や主要な建物を見た。なお、往時の薬園は見当たらないが、ミニ出島の建物配置図から見て、表門を入ってすぐ、左側に広がる空き地の辺りであったと思われる。

唐人屋敷の場合もそうであるが、蘭館への出入りはごく一部の限られた役人や遊女、商人たちにのみ許されており、一般人の出入りは厳しく制限されていた。もし、どうしても見学したければ、江戸会所の商人や蘭通詞の下役、たとえば草履取《ぞうりと》りに扮して出入りするのが常であったから、松陰もまた萩藩長崎屋敷に頼み込み、いろんな伝手を辿りながら、似たような形で見学を認められたのであろう。

オランダ船に乗り込む

長崎到着の翌六日の午後、松陰は舟を雇い、湾内に浮かぶ唐船とオランダ船の側に乗り付け、その威容を目の辺りに見たが、実際に乗り込んで船内をつぶさに検分したのは、蘭館の見学二日後の九月一一日のことである。

「福田耕作並びに通辞某々の誘引に依りて、是れを見ることを得たり」というから、町年寄福田家や蘭通詞の仲介でようやく見学を許されたことが分かる。軍艦ではなく、オランダ東インド会社所属の交易船であるが、甲板に備え付けられた砲六門や銅箱などの多くの積み荷を見た。ボート二艘を有しており、船腹に昇降用の梯子《はしご》一八段が懸けられていると記したように、短時間でかなり詳しく船内を歩き回っている。

復元された蘭館（長崎市出島町）

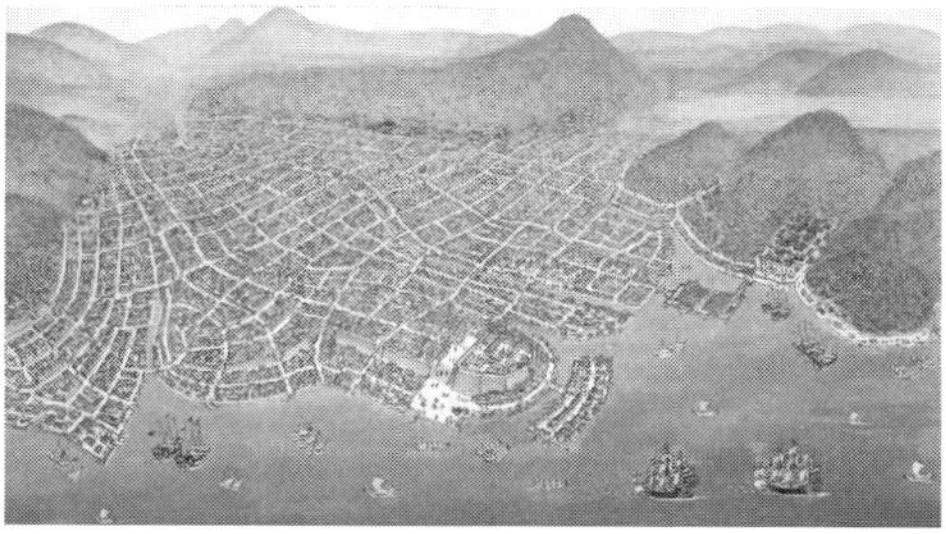

長崎港図

「蘭人、酒と糕《こなもち》とを出す」と書いているから、船内で葡萄酒と洋菓子の類いを供されたのであろう。帰途、お礼に訪ねた福田家でパンを食したのは、西洋人の食生活を知る上で貴重な経験であった。

7 諏訪神社——長崎市上西山町一八

九月七日、中村仲亮（周防出身の医者）、阿部魯庵《ろあん》（外科医）、西慶太郎（蘭通詞）らを訪ねたが、いずれも不在で会えず、上西山町の諏訪《すわ》神社に詣でた。重陽《ちょうよう》の節句の秋祭り「おくんち」で有名な長崎鎮守の神社である。

鎮西大社に詣でる

平戸遊学を早々に切り上げ、長崎に再来した一一月一五日にも、諏訪神社に詣で、この地の慣わしである幼い童子の賑やかなお参りの風景を見た。よほど印象が強かったらしく、わざわざ、「是の日、崎人童子七歳に満つる者は、上下《かみしも》を着して諏訪社に詣せしむ。上下着初《きぞめ》、必ず是の日を以てすと云ふ」と書きとめている。

路面電車の諏訪神社前で下り、北西へ二〇〇メートルほど歩いた地である。

諏訪神社本殿（長崎市上西山町）

8　福済寺——長崎市筑後町二

長崎観音像（長崎市筑後町）

唐寺の賑わいを見物する

一一月一九日、筑後町にある長崎三大唐寺の一つ、福済寺《ふくさいじ》に行き、裏山にある唐人や唐通事の墓を見た後、善哉餅《ぜんざいもち》（米粉餅）を食べた。たまたまこの日は冬至にあたっており、中国人や唐通事会所の役人たちが大勢集まって盛会であった。ここは現在のＪＲ長崎駅の東、徒歩一〇分ほどの観光ホテルが集中する場所である。阿波の人堀江《ほりえ》荻之助《おぎのすけ》を訪ねた帰り道というから、おそらく福済寺の近くに家があったのであろう。

なお、松陰が詣でた福済寺は終戦直前、長崎に落とされた原爆で全壊・焼失し、今の建物はすべて戦後新しく作られたものである。観光客にはむしろ、昭和五四（一九七九）年に開眼された高さ一五メートルの巨大な観音像、「万国霊廟長崎観音」の名で知られている。

9 春徳寺――長崎市夫婦川町一一

長崎を去る三日前の一一月二七日、松陰はいろんな所に出かけた。午前中は唐通事の鄭勘介を訪ね、前日来の勉強をしたが、午後には中村仲亮と共に夫婦川町《ふうふがわ》の春徳寺《しゅんとくじ》に行き、

東海氏の墓に詣でる

東海《とうかい》氏の墓を見た。唐大通事で墓普請に才能を発揮した人物として有名であり、裏手の墓地参道を上がったところに墓があった。路面電車を新大工町で下り、左斜めに延びる坂道へ入り、天満宮を見ながら三〇〇メートルほど上ると、春徳寺である。

春徳寺（長崎市夫婦川町）（春徳寺提供）

東海氏の墓（同前）

城跡から長崎の守りを検分

この後、鶴城跡、すなわち戦国時代の領主長崎純景《すみかげ》が作った古城跡に登った。春徳寺の後背にあたる裏山であり、「長崎城址に登るの記」に、「今其の地形を相するに、烽山《のろし》（烽火山）其の背に興り、昆山（金毘羅山）其の右に連り、彦山其の左に聳《そび》ゆ」とあるように、標高一〇〇メートルの頂上から、周囲の地形を案じながら、長崎防衛の重要性を再確認した。

10　長崎聖堂の大学門——長崎市寺町六四

異船襲来を告げる大砲を見る

春徳寺からの帰途、代官高木邸前の巨砲二門や長崎聖堂を見ながら、中村家に戻った。代官邸前の砲二門は、異船の来航を長崎やその周辺の村々に報知するためにわざわざ設置されたものであり、現・桜町小学校の地がその旧宅跡である。春徳寺からは電車道を諏訪神社前まで来て国道三四号に入り、市役所の方角へ三〇〇メートルほど歩いた場所である。

長崎聖堂大学門（長崎市寺町）

長崎儒学の中心

長崎聖堂は、正徳元（一七一一）年、新大工町中島川右岸に設立されたものであり、広く市中の人びとに儒教を教えた。一般には地名をとって中島聖堂と呼ばれた。松陰が来た頃は、聖廟や学舎が軒を並べ盛んであったが、維新後、ほとんどが消滅した。今は僅かに残された杏壇門《きょうだんもん》、俗に大学門と呼ばれる門扉が、寺町の興福寺境内に移設され、往時の威容を伝えている。電停公会堂前から東へ三〇〇メートルほどの地である。

松陰の日記には、代官邸前の巨砲を見た後、「聖堂の傍を過ぎて帰る」とあるが、春徳寺の裏山から下りると、新大工町の聖堂を経て勝山町の代官邸へ行くのが順序であるが、代官邸前の巨砲を見るため、わざわざ勝山町まで行き、そこから今来た道を引き返し、聖堂を見学しながら馬町の中村家に戻ったものであろう。

11　早岐の宿――佐世保市早岐

嘉永三（一八五〇）年九月一二日、永昌《えいしょう》を発った松陰は、松原に近い港から彼杵《そのぎ》まで二里（八キロ）ばかり舟に乗り、ここから陸行、幾つもの峠を越え、夜になり早岐《はいき》に着き、早岐瀬戸に面した旅宿小松屋に一泊した。

旅宿小松屋跡

JR大村線の早岐駅で下車、左手に延びる県道平瀬・佐世保線を北へ数分歩き、早岐郵便局の所で左折し、早岐瀬戸まで出ると、右手の二、三軒先にもと小松屋と称した旅宿、現・藤津精肉店がある。店裏に平成七（一九九五）年六月三日に建てられた元市立夜間中学同窓会と佐世保市連名の「吉田松陰小松屋投宿の碑」と題した案内板があるが、松陰や村塾の教育を紹介しながら、「門下生奮起し国の志士と化す。速来《はいき》の宿明治国家発祥に関わる。松陰の足跡を尋ね宿碑を建つ」というのは、よくあるお国自慢の類いであるが、明治国家発祥云々はいささか極端な物言いであり、思わず筆を滑らせた感はやはり免れがたい。

吉田松陰小松屋投宿の碑・説明板（佐世保市早岐）

平戸街道（同前）

平戸街道を行く

小松屋の家屋敷はむろん、周囲の景観もすべて一変し、往時を偲ばせるものは何もない。ただ、平戸街道には、まだあちこちに江戸時代から続く鍵道路や石畳の往還が残されており、旧本陣や脇本陣跡など共になかなか風情のある町並みとなっている。

12　腰掛の石――佐世保市江迎町

雨中の山道に苦しむ

西九州自動車道の終点、佐世保みなとＩＣを下り、ＪＲ佐世保線の高架を潜り国道三五号から二〇四号へひたすら平戸をめざして三〇キロほど進むと、約一時間で江迎《えむかえ》町に着く。

嘉永三（一八五〇）年九月一三日、早岐を発った松陰は、中里町をへて江迎に至り、この地の庄屋某の家に泊まった。早岐から八里（三二キロ）ほどの行程であるが、険しい曲がりくねった山道が分かりづらく、「是の日の艱難実に遺亡すべからず」と記しており、今回の旅でもっとも苦労した一日であったようだ。朝から降っていた雨が途中で激しくなり、傘を求めてさし、ぬかるみ道に足を取られながら進んだ。忘れ物を取りにいま来た道を戻り、また道を聞き間違え海辺に出たりしたため、江迎より一里半（六キロ）も手前で早くも日没となってしまった。暗闇の中で一向に宿が見つからず、たまたま出会った平戸人の口添えで庄屋の家に頼み込みようやく一夜の宿を得ることできた。

腰掛石（佐世保市江迎町）

早岐から江迎まで、県道平瀬・佐世保線から国道三五号へ入り、やがて二〇四号へ続く今のルートは、平野部を大きく迂回しながら進んでおり、さほど極端にアップダウンする場所はないが、往時の平戸街道は、峠を幾つも越えてほぼ直進しており、旅人泣かせの険しい道続きであった。現に早岐を出た松陰は、佐世保北西部の堺木峠《さかいき》（標高七〇メートル）、今の瀬戸越町を経て、佐世保市と北松浦郡佐々町の境界をなす半坂峠《はんざか》（標高一八〇メートル）へ向かい、ここからさらに佐々町の北方、佐々川と江迎川の分水嶺をなす江里《えり》峠（標高一一七メートル）を越えて江迎宿に入った。

残された庭石

『江迎町郷土誌』によれば、松陰の泊まった庄屋宅は、旧江迎小学校の地にあったらしい。江迎川沿いに延びる国道三五号を、左側に見え隠れに並行する松浦鉄道の江迎鹿町駅の辺りまで来て、右手に一筋入った所に江迎町役場、現・佐世保市江迎支所がある。その背後、徒歩三分ほどの小高い地が、もと庄屋の家があった旧江迎小学校の敷地である。今は江迎町中央公園と称しているが、雑草が一面に生い茂っただだっぴろい場所であり、東側の一角に建てられた腰掛石の碑文や江迎小学校跡の記念碑、少し離れた所にある小さなトイレ以外に、公園を思わせるような施設は何もない。

ところで、なぜ腰掛石というのか。公園の東端にぽつんと置かれた約五〇センチ四方の庭石の背後に立つ碑文に、「この地は実に彼が投宿せし庄屋屋敷跡にして、この石は当時屋敷の門前にあり、松陰先生がしばし腰を下し、長途の旅の杖を留められしものと伝う」とあるように、たまたま一泊した松陰が腰掛けたというものだが、前後の日記や書簡にそれらしき記述はなく、真偽のほどははっきりしない。もしあったとすれば、同行の平戸人が、宿の交渉をしている間、疲労困憊《こんぱい》した松陰が思わず門前の石に腰を下ろし、しばし休息をとったということであろう。

疑問符のつく赤間硯

これ以外にも、江迎町の旧家には、松陰が愛用したと称する縦三〇センチ、横二七センチ、重さ二キログラム余の赤間石製の硯が秘蔵されているという。平戸遊学に携行し、辞去するさい先生の葉山佐内へ贈ったものが、回りまわってこの地に伝えられたというもののようであるが、いささか怪しい。萩から平戸まで何百里も延々と歩いて来た旅人が、筆記用具とはいえ、二キログラム余の巨大な硯を持ち運んだというのが、そもそも信じがたい話であろう。裏面に彫られた虎二というのも、よくある名前であり、松陰と同一人の証拠にはなりにくい。ついでにいえば、松陰が寅次郎と称したのは、嘉永六（一八五三）年正月、諸国遊歴に出発した後のことであり、九州遊歴時代は一貫して吉田大次郎である。したがってこの硯に登場する虎二が、松陰その人であることは、ほとんどあり得ない。

13　紙屋跡――平戸市浦の町

平戸城下に入る

昭和五二（一九七七）年に平戸大橋（全長六六五メートル）が完成してからは、田平《たびら》町から対岸の岩の上《いわのうえ》町へ簡単に来ることができるようになったが、松陰の時代は、日の浦、現・田平港から舟に乗り、平戸港の西岸をめざした。嘉永三（一八五〇）年九月一四日、江迎を発った松陰は、三里ばかり歩いて日の浦に出た。ここから海上一里で平戸城下に着いたというから、平戸瀬戸の強風や急潮を避けながら、平戸港に入ったことが分かる。今の平戸桟橋、観光船の出入りする船着場は崎方《さきかた》町にあるが、昔は港の一番奥、宮の町の中央海岸にあったらしい。ポルトガル船入港の跡とされる観光スポットである。船着場のある宮の町や浦の町には、沢山の旅籠が軒を並べていたが、松陰はどこに行っても宿泊を断られている。人物風体が怪しまれたというより、この頃平戸では外から来た初めての客、つまり身元不明の旅人を泊めることがご法度《はっと》だったからである。

吉田松陰宿泊紙屋跡（平戸市浦の町）

旅宿跡の記念碑

当惑した松陰は、葉山佐内の宅を訪ねてその口添えでようやく浦の町の紙屋政之助の旅宿に草鞋を脱ぐことができた。紙屋は紙問屋を営んでいたという説もあるが、確かなことは分からない。ただ、九月一四日から一一月五日まで、計五一日間宿泊を重ねており、この界隈にあった旅宿の一つと見るのが、順当なところであろう。桟橋から西へ二〇〇メートルばかり先に平戸漁業協同組合があるが、ここを右へ入る細い道を数十メートル進むと、もと紙屋のあった田原石碑店が見える。店先に「吉田松陰宿泊紙屋跡」の小さな碑が建てられている。漁協の建物のちょうど裏側にあたる。

14 葉山佐内旧宅跡――平戸市鏡川町

葉山先生に学ぶ

平戸藩中老で山鹿流兵学に優れ、また昌平黌《しょうへいこう》教授佐藤一斎《いっさい》の高弟として陽明学にも明るかった葉山佐内の家は、鏡川《かがみがわ》町にあった。浦の町の紙屋からだと、海岸通から一筋入った道をまっすぐ南下し、柿添病院の手前で右折し、蛇行しながら西へ延びる坂道を勝尾岳《かつおだけ》（標高六八メートル）の方角へ進む。平戸カトリック教会前の四つ角を左折し、平戸修道院裏の道を愛の園保育園側まで進み、左へ入るとすぐの場所である。

旧宅への道（平戸市鏡川町）

葉山佐内旧宅跡（同前）

鬱蒼《うっそう》と茂る樹木に覆われた旧宅跡は、現在では葉山家とは無関係な人の所有になっているようだが、十数年前に私が訪ねたときも人の住んでいるような気配はなく、閉ざされたままになっていた。建物をふくめ、松陰が学んだ当時を示すものは何も残されていない。

紙屋のあった浦の町からここまで、徒歩十数分の距離であり、毎日の往復に支障はない。

15　積徳堂跡——平戸市岩の上町一一四六

山鹿流兵学の宗家・積徳堂《せきとくどう》は、平戸市の南郊、岩の上町にあった。市内から平戸大橋へ向かう国道三八三号を猶興館《ゆうこうかん》高校グランドの所まで来て、東側の道に入り、グランドを過ぎて狭い道を左折すると積徳堂跡、山鹿文庫の前に出る。猶興館高校前バス停で下りると、南へ徒歩三分ほどの地である。

家学修業を始める

松陰が起居した浦の町の紙屋からだと、徒歩で優に三〇分以上を要する距離であり、毎日気軽に葉山塾に出かけるようなわけにはいかない。「往来城辺を過ぐ」というから、浦の町から海岸沿いに来て、市役所前の幸《さいわい》橋、俗にオランダ橋を渡り、亀岡城を左手に見ながら南下したものであろう。

積徳堂跡（平戸市岩の上町）

積徳堂案内板（同前）

今見ることのできる立派な塾舎はすべて後に新しく作られたものであり、松陰の来た頃のものは礎石や土塀ぐらいしか残されていないが、付設の山鹿文庫には、千点を超える沢山の史料や書籍類が所蔵されており、なかには「山鹿素行著述稿本類」のように、国の重要文化財に指定された貴重なものもある。邸前の案内板がいうように、この積徳堂は、山鹿素行《そこう》が江戸浅草田原町に創めた塾を、延享二（一七四五）年、藩主松浦誠信《まつらさねのぶ》の代に移したもので、明治維新に至る約一二〇年間、平戸藩における学問、兵学の中心であった。

山鹿流兵学師範の松陰にとって、積徳堂での勉学は、平戸遊学のおそらく最大の目的であったはずであるが、彼が積徳堂に現われたのは、平戸到着から四日を経た九月一八日である。複数の紹介者を要するなど積徳堂への入学手続きに結構時間がかかり、しかもたまたま当主の山鹿万介が病床にあったためらしい。当日は、宿の紙屋で紋付、また葉山から裃を借りて出掛けた。山鹿万介に束脩の礼を行うため衣服を正したものであるが、先生はまだ病気が癒えず、面会を許されていない。なお、松陰が万介に会い、誓詞血判、正式に入門の手続きを行ったのは、さらに四日後の九月二二日のことである。

16　無くなった誓詞と茶碗

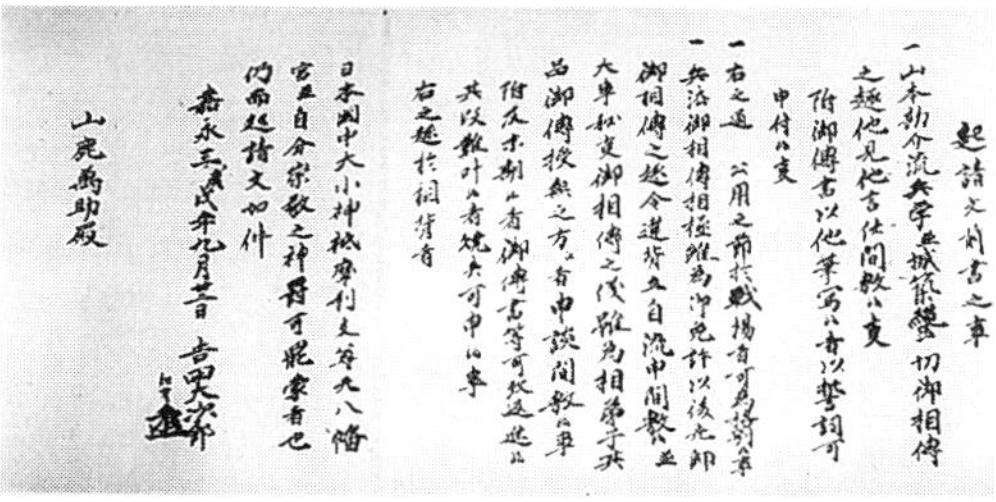

入門誓詞（平戸観光資料館蔵）

萩焼筒茶碗（同前）

山鹿宗家に呈した束脩

以前、平戸桟橋から北へ徒歩三分ほど、オランダ塀の坂道を登ってすぐの地に、港を見下ろすように建つ平戸観光資料館があった。山鹿宗家一四代が館長に任ずる資料館だけに、山鹿素行や積徳堂に関する資料が結構あり、松陰関係のものとしては、嘉永三（一八五〇）年九月二二日、松陰が入門したさい山鹿万介に差し出した誓書、「起請文前書之事」があった。「山本勘助流兵学並城築縄張一切御相伝之趣他見他言仕間敷候事」で始まる自筆の起請文《きしょうもん》は、細かな言葉遣いはともかく、三項目の誓約とも松陰が明倫館兵学教場で門下生に求めた内容とまったく同じである。傍らに展示されている萩焼筒茶碗は、このとき起請文に添えて差し出されたものである。

ただ、平戸観光資料館が、平成二一（二〇〇九）年一一月末で閉館となったため、松陰関係のこれら二点も平戸から無くなってしまった。今は、多くの資料と共に、東京都立川市の国文学研究資料館に移されている。山鹿宗家の塾、積徳堂がなお健在であるだけに、松陰ゆかりの品が平戸でお目に掛かれなくなったのは、いかにも惜しい。

17　宮部鼎蔵旧宅跡――熊本市中央区内坪井町

九州自動車道を熊本ICで下り、ひたすら熊本城をめざして来る。藤崎宮前の交差点を過ぎ、左手に熊本信愛女学院中・高校の校舎を見ながら、坪井橋を渡るとすぐ右手に内坪井町が出てくる。観光スポットとして有名な旧夏目漱石邸の二、三軒先に、「贈正四位宮部鼎蔵先生邸址」と刻まれた大きな石碑と松陰の訪問に言及した案内板がある。

刎頸《ふんけい》の友・宮部を知る

嘉永三（一八五〇）年一二月一一日、九州遊歴の帰路、松陰は初めて熊本藩士の宮部鼎蔵《みやべていぞう》を訪ねた。松陰より一〇歳年長の宮部はこのとき三一歳。もと医家の子であるが、家業を嫌って継がず、早くから山鹿流兵学を学び、この年、叔父の跡を継いで熊本藩時習館《じしゅうかん》の兵学師範に任じられたばかりであり、松陰とは同門となる。おそらく平戸の山鹿宗家の紹介で訪ねたものであろう。住宅街の一角に鎮座した人の背丈ほどもある立派な碑であるが、その所在については、すぐ近くの中央高校の先生も首をかしげたぐらいだから、一般にはほとんど知られていない。案内板に「ここは鼎蔵が兵法師範役の頃の旧居で吉田松陰も訪れたことがある」と記されているのが、あるいは宮部の名を高めているのかもしれない。

贈正四位宮部鼎蔵先生邸址
（熊本市中央区内坪井町）

ところで、宮部の生誕地は、ここから遠く離れた上益城《かみましき》郡御船《みふね》町上野にある。九州自動車道を御船ICで下り、右手に役場を見ながら上野小学校の所まで来ると、生家跡がある。大正二（一九一三）年、池田屋事件で死んだ宮部の

宮部鼎蔵像（御船町上野・鼎春園）
（御船町教育委員会提供）

殉難五〇年を記念して、もと上野小学校のグランドに作られた鼎春園《ていしゅんえん》には、高さ五メートルの巨大な顕彰碑と歌碑がある。生家跡は、上野小学校の向かい側、現・公民館の地であり、山県有朋が碑文を書いた石碑が建てられている。なお、鼎春園にある宮部の坐像は、平成一七（二〇〇五）年、「上野愛郷委員会」などを中心とする土地の有志が作ったものである。

18　横井小楠生誕地跡——熊本市中央区内坪井町

木標と産湯の井戸跡

宮部鼎蔵旧宅跡の碑から数軒先を左折すると熊本中央高校であり、その北門脇に「横井小楠先生生誕の地」の木標が建てられている。ここから二、三〇メートル東のやはり構内の一角に、築城の名人といわれた清正公ゆかりの古い井戸跡が保存されている。

平成五（一九九三）年九月に建てられた「横井小楠生誕地と清正公井跡」の案内板では、小楠《しょうなん》が産湯を使った井戸であるという。

横井小楠先生生誕の地（熊本市中央区内坪井町）

井戸跡（同前）

誕生地の案内板（同前）

19 横井小楠旧宅・小楠堂跡——熊本市中央区安政町

熊本実学党の盟主・小楠を訪ねる

嘉永六（一八五三）年九月、長崎に現れたプチャーチンの軍艦でロシアへの密航を企てた松陰は、一〇月一九日、熊本城下に着き、宮部家に近い坪井町浄行寺周辺の旅宿に草鞋《わらじ》を脱いだ。翌二〇日、宮部宅に現れた松陰は、一緒に相撲町、今の安政町にあった横井小楠《よこいしょうなん》の塾、小楠堂を訪ねた。宮部の住む内坪井町から南へ七、八〇〇メートルほどの地であり、近くに小泉八雲旧居跡がある。松陰は、二日後の一〇月二二日にも宮部と共に小楠堂を訪ね、終日議論を交した。

平成一五（二〇〇三）年一〇月、熊本市が建てた木標には、「小楠堂跡（横井小楠相撲町旧居跡）」とあり、裏面に、「弘化三年（一八四六）から安政二年までの横井家の住居跡。兄時明が組頭に任命されたのを機に水道町から移転し居宅兼教室を建増したが、弘化四年には家塾を新築して小楠堂と名付け、二十余名の門下生を寄宿させた。しかし、兄が亡くなって小楠が家督を継ぐに及んで在宅を願い沼山津に転居した」と記されている。

横井小楠旧宅・小楠堂跡
（熊本市中央区安政町）

沼山津《ぬやまづ》は、市内から東へ八キロほど、横井小楠の私塾、四時軒《しじけん》があった場所であるが、今は熊本市の主要な観光スポットの一つ、横井小楠記念館として知られる。松陰が来た頃は、むろん小楠はまだ相撲町の小楠堂の住人であり、したがって松陰が、沼山津の四時軒を訪ねた事実はない。

20 本妙寺・浄池廟——熊本市西区花園四丁目

浄池廟（熊本市西区花園）

聾唖の弟のために祈る

内坪井町の北西、約二キロの地に日蓮宗の九州総本山、本妙寺《ほんみょうじ》がある。寺の裏手、中尾山の中腹には加藤清正を祀った浄池廟《じょうちびょう》があるが、早くからこの廟所に祈願すれば、難病・奇病に霊験あらたかと信じられており、参拝者が跡を絶たなかった。

松陰もまた生まれながらの障害をもつ弟敏三郎《としさぶろう》のために、嘉永三（一八五〇）年一二月九日と一二日の二回、浄池廟に詣で、医薬ではもはや何とも致しがたい今となっては、ひたすら神仏にすがるほかはないと、霊前に額づき手を合わせている。

このとき書いた「加藤公に禱る」と題する一文には、「某《それがし》に弟あり、敏と曰ふ、生まれて五歳、四体欠くるものなく、九竅《きゅうきょう》咸《み》な具はり、笑貌動息、人に異なることなし。唯だ其の言語喃々《なんなん》として章《あや》なく、得て聞弁《ききわ》くべからず。父母の慈、是れ憐み是れ痛み、医治百たび施して至らざる所なし」とある。

第三章　江戸市中の松陰――東遊から刑死まで

江戸遊学は、九州から帰ってすぐに計画されたらしく、新年早々の嘉永四（一八五一）年正月二八日には、「御手前事軍学稽古の為め江戸差登され候条云々」の辞令を得ている。三月初めに出発予定の参勤交代の行列に随従することになったが、これは、同じ頃創められた萩藩の留学生制度に応募して、その適用第一号となったものである。文武両道の留学生として選ばれた藩士一七名中の一人であり、旅費・学費ともに藩庫より支給された。

三月五日、参勤交代の行列に従い萩城下を発った松陰は、延々三四日に及ぶ長旅を経て、四月九日の朝早く江戸に着いた。萩往還から山陽道に出て、東海道へ続く道を歩いたものである。通常の旅人ならどんなにゆっくり歩いても、二五、六日で着くはずであり、大坂まで船を利用すれば、もっと日程を短縮することもできたが、今回の旅は、殿様の駕籠を擁した文字どおり大名行列であったため、万事に仰々しく大層な時間をかけながら進んだものである。行列に前後して歩いた松陰らが、行く先々で名所旧跡を訪ね、時には回り道をしたりしたのは、このためである。

江戸滞在は、一二月一四日に東北脱藩の旅に出発するまでの八カ月余りであるが、翌五年四月五日、一四〇日ぶりに江戸に戻った松陰は、周囲の勧めもあり藩邸に自訴し、帰国命令が出る一八日までの約半月間、桜田門外の藩上屋敷にいた。

江戸には、嘉永六年五月二四日に再来した。脱藩行の罪で士籍を削られ浪人身分となった松陰が、藩より向う一〇カ年間の諸国遊歴の許可を得て、一年ぶりに江戸の地を踏んだものである。前回の旅と異なり、瀬戸内海を大坂まで船に乗り、以後は陸路を中山道経由で来た。六月四日、ペリー来航の情報を得てすぐに浦賀へ急行したが、六

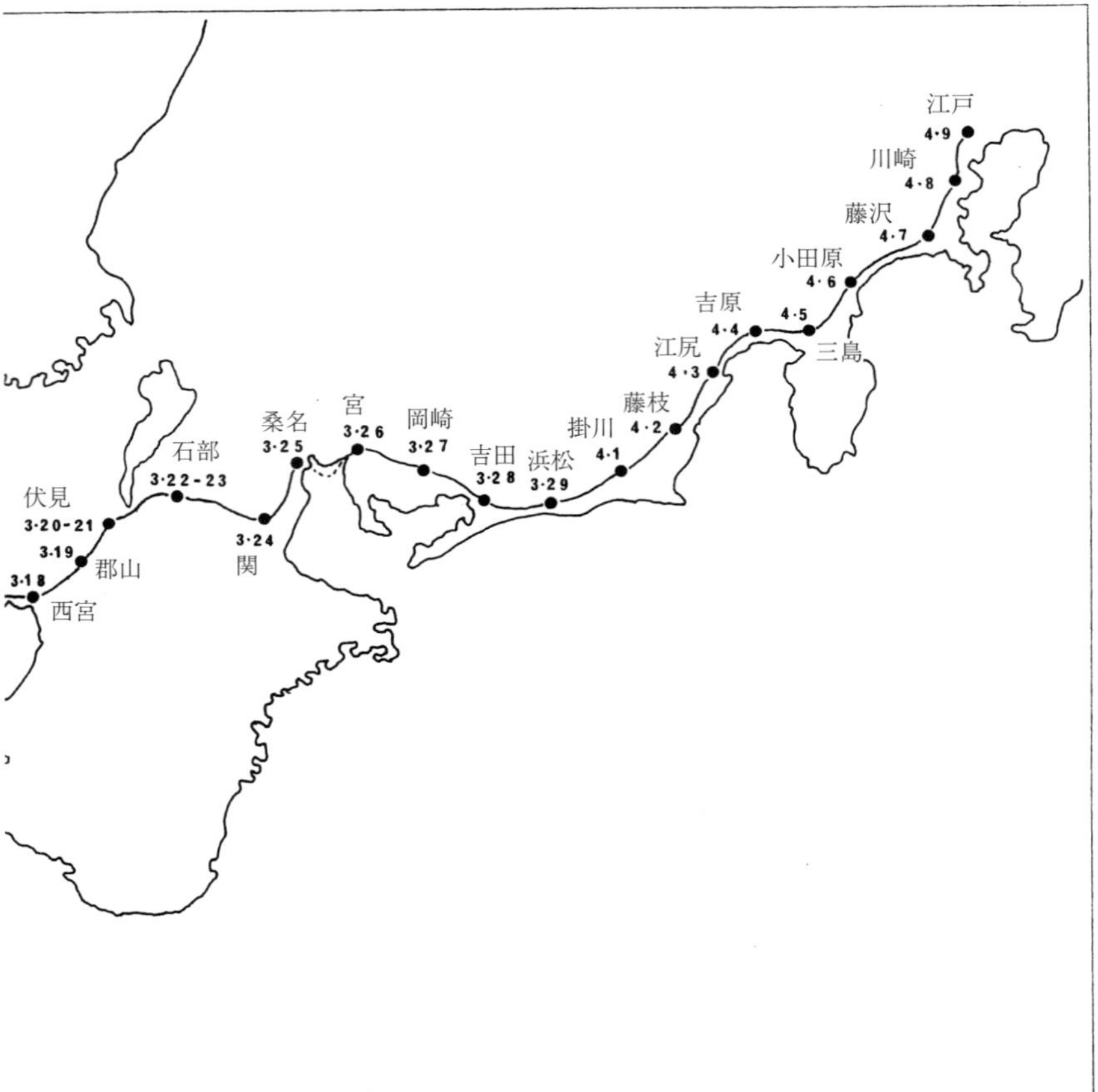
江戸
4・9
川崎
4・8
藤沢
4・7
小田原
4・6
吉原
4・4
4・5
三島
江尻
4・3
藤枝
4・2
掛川
4・1
浜松
3・29
吉田
3・28
岡崎
3・27
宮
3・26
桑名
3・25
石部
3・22－23
3・24
関
伏見
3・20－21
3・19
郡山
3・18
西宮

遊学

萩
3·5
山口 3·5
3·6
三田尻
花岡
3·7
3·8
高森
玖波
3·9
海田
3·10
西条
3·11
尾道
3·12
矢掛
3·13
岡山
3·14
三石
3·15
姫路
3·16
大蔵谷
3·17

江戸

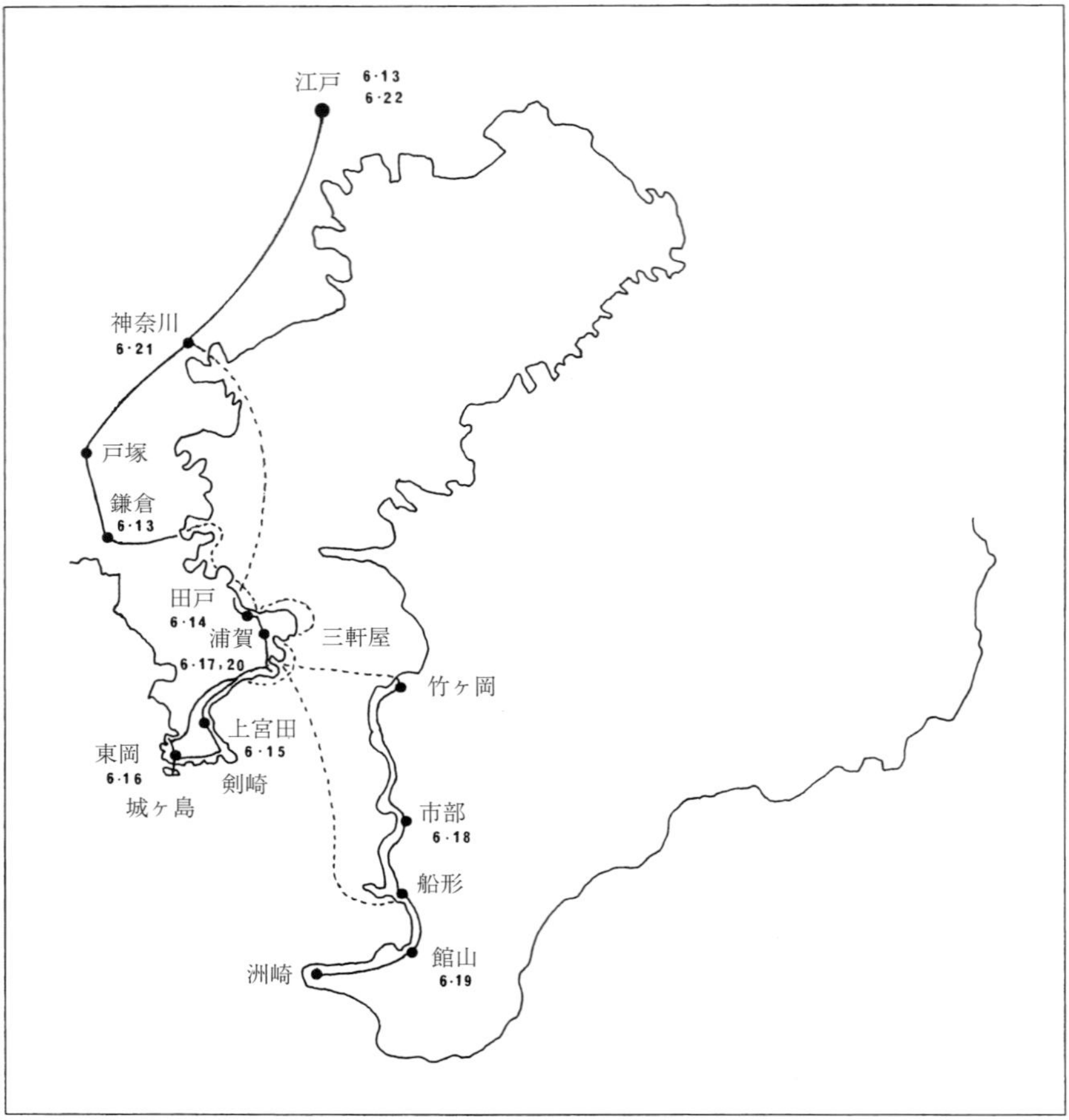
江戸
6·13
6·22
神奈川
6·21
戸塚
鎌倉
6·13
田戸
6·14
浦賀
6·17，20
三軒屋
竹ヶ岡
上宮田
6·15
東岡
6·16
剣崎
城ヶ島
市部
6·18
船形
館山
6·19
洲崎

房相沿岸の踏査

月一〇日には江戸に戻り、長崎へ旅立つ九月一八日まで、約三カ月余り滞在した。

長崎でのロシア軍艦による海外密航計画は結局失敗し、江戸で再起を図ることになった松陰は、年末の一二月二七日、江戸に戻り、翌七年三月五日まで滞在した。この間、ペリーの軍艦でアメリカ密航を企てるのに忙しかったが、寄宿していたのは鍛冶橋外桶町にあった鳥山新三郎《とりやましんざぶろう》の私塾、蒼龍軒《そうりゅうけん》である。桜田門外の藩上屋敷や親友宮部鼎蔵がいた熊本藩邸とも近く、情報交換するのに何かと便利がよかったこともあるようだ。

下田踏海の失敗で縛につき、四月一五日、江戸に護送された松陰は、九月一八日、在所での蟄居を命ずる幕裁が出るまで、約五カ月間伝馬町牢にいた。五日後の二三日には、早くも萩へ護送されたが、出牢後の短い期間は、麻《あざ》布《ぶ》龍《りゅう》土《ど》町《ちょう》の藩下屋敷にいた。この間、踏海事件で行を共にした金子重之助と終始一緒である。

安政大獄に連座、江戸檻送を命じられた松陰は、安政六（一八五九）年六月二五日、唐丸駕籠で江戸に着いた。そのまま藩上屋敷に入り、幕府評定所へ出頭する七月九日までいた。吟味中は伝馬町牢に繋がれたが、死罪の判決を申し渡され、即日刑死したのが一〇月二七日であるから、約三カ月半に及ぶ獄中生活である。

1 萩藩上屋敷跡――千代田区日比谷公園

桜田門外の藩邸に入る

嘉永四（一八五一）年三月五日、参勤交代の行列に従い、萩城下を発った松陰は、三四日間に及ぶ長旅を終え、四月九日の朝早く、桜田門外の萩藩邸に入った。「江戸切絵図」を見ると、毛利大膳大夫《だいぜんのだいぶ》の住居、すなわち萩藩の江戸上屋敷は桜田門と日比谷門の間に位置しており、表門は西の丸下を囲む内堀沿いの道に面している。東隣に松平肥前守、また西隣に米沢上杉家の江戸屋敷があったが、やがて大老となる井伊掃部頭《かもんのかみ》の彦根藩邸からもさほど遠くない。江戸城の南側に位置する、沢山の大名屋敷が軒を列ねた一角である。

もともとこの地は、慶長八（一六〇三）年、家康より拝領の敷地一万七一七〇坪余を上屋敷に当てたものであるが、維新後、跡地は陸軍近衛師団の練兵場となり、また一時拓務省があったりしたが、今は日比谷公園や法務省、裁判所などがある。なお、上屋敷の正確な位置は、祝田橋《いわいだ》へ至る愛宕通りの東側、すなわち日比谷公園西北の一帯らしい。

公費留学生として江戸に来た松陰は、この上屋敷内に四畳半一室を与えられ、小倉健作《おぐらけんさく》ら三人の留学生と一緒に住んだ。もっとも、彼は一二月一四日には、早くも東北遊歴をめざし藩邸を後にしており、ここに暮らしたのは、せいぜい八カ月余の期間にすぎない。

四カ月余に及ぶ東北の旅から帰った松陰は、四月一〇日、藩邸に出頭して藩手形を持たないまま出発した事情を説明したが、これが藩法に背く行為と咎められ、同月一八日、江戸遊学を止め即時帰国を命じられた。国許で今回の不始末の裁きを受けるためである。

木戸御免の出入り

嘉永六（一八五三）年正月、向う一〇カ年の賜暇、すなわち諸国遊歴を許され萩城下を発った松陰は、五月二四日に江戸に入り、桜田藩邸に挨拶に訪れているが、それ以上の関係はない。前年暮、東北脱藩行の罪で士籍を剥奪され、一介の浪人となっていた彼は、吉田姓を名乗ってはいるものの、すでに萩藩とは無縁の人であったからである。とはいえ、六月三日のペリー来航後は、海防問題に関する複数の建白書、「将及私言」や「急務条議」を呈するため、しばしば藩邸に顔を出しており、この身分を顧みない不遜な行動がやがて藩邸内で物議を醸すことになるが、当の松陰は、一向に意に介した風はない。同じ頃、兄梅太郎が、袴を着用せず、つまり一介の長州藩人としてならば上屋敷に出入りしても構わず、藩重役の周布政之助に会うこともできると知らせており、何時の間にか木戸御免の待遇になっていたようである。

国事犯としての日々

松陰が江戸藩邸に再び現れるのは、五年後の安政六（一八五九）年夏のことである。安政大獄で幕府法廷への出頭を求められた松陰は、五月二五日、罪人駕籠に乗せられ萩城下を発った。江戸到着は、六月二五日であるが、幕府法廷に出頭する七月九日までの一四日間、彼はこの上屋敷にいた。藩邸内の一室でなく、独立した明固屋（納屋）に収容され厳重な監視下に置かれた。予め幕府に、「松陰日々の取扱振に関する問合せ」を行った藩邸は、「松陰留置場詰番心得方指令」「留置場内器具物品に関する藩府の指令」などを作成して、日々の生活の細部に及ぶ規制を行っている。幕府法廷からの呼び出しを待つ国事犯の警護であり、一点のミスも生じないように万全を期したのであろう。

萩藩上屋敷跡（千代田区・日比谷公園）

桜田門遠景（千代田区・皇居外苑）

2　萩藩下屋敷跡──港区赤坂九丁目

江戸麻布龍土町に俗に麻布屋敷と呼ばれる萩藩下屋敷があった。元禄四（一六九一）年拝領の敷地三万三五八〇坪というから、桜田門外の上屋敷の二倍近い広大な藩邸である。都営地下鉄大江戸線の六本木駅から乃木坂方面へ一〇〇メートルほど行った所にある東京ミッドタウンタワーで右折し、リッツカールトンホテルを東京めざして歩くと、突然ビル街の真っ只中に日本庭園風の美しい檜町《ひのきちょう》公園が現れる。ここがかつて萩藩下屋敷のあった場所であり、池をめぐる築山のあちこちに配された大小の石灯篭を見ると、いかにも大名屋敷の跡地らしい優雅な雰囲気である。休憩用のあずまやの入り口に掛かる「公園附近沿革案内」には、萩藩下屋敷の昔から昭和三八（一九六三）年に都立公園として生まれ変わるまでの三百余年に及ぶ歴史が詳しく記されている。

広大な麻布屋敷

公園北側に沿う檜坂《ひのきざか》の地名が示すように、この辺りにはかつて檜の木が多く見られ、下屋敷は別名檜屋敷とも呼ばれていたらしい。明治に入り国へ移管され、東京鎮台《ちんだい》歩兵第一連隊や陸軍歩兵第一師団の駐屯地となった関係で、戦後の一時期、米軍施設として接収され、占領体制が終わると防衛庁やその関連施設があったりしたが、今はそうした軍事関係の建物はすべてなくなり、いかにも六本木族の行き来する都心のビル街らしい華やかな賑わいをみせている。

江戸遊学中はむろんであるが、浪人身分となってからも、松陰はこの下屋敷に何度も顔を出している。下田行きの直前、三月四日付の来原良蔵《くりはらりょうぞう》宛手紙に、「僕緊急の事幹あり、必ず老兄を見て商議せんと欲す。因《よ》つて檜邸に来りて貴舎を叩く」とあるのは、この頃、檜屋敷にいた親友の良蔵と密かに別れの言葉を交したかったためらしく、また翌五日付の兄梅太郎宛手紙に、「昨夜麻邸より帰り懸け雨になり、跣足《はだし》故参上仕り兼ねたるにて御座候」とあるのは、麻布の下屋敷からの帰り道で激しい雨に遭い、桜田の上屋敷で待つ兄との約束を果せなかったことを弁解したものである。下田踏海の企てを薄々感づいていた兄の目を誤魔化すためにわざと接触を避けたもののようであるが、いずれにせよ、この時期、松陰は上屋敷、下屋敷のどちらにも気軽に出入りしていた。

黒門から国許送還となる

ところで、下田踏海の失敗で捕らえられた松陰と同行の金子重之助は、幕府法廷の判決後、伝馬町牢を出て萩藩へ身柄を引き渡されたが、この後しばらく、すなわち九月一八日から二三日までの六日間、下屋敷にいた。獄中で病に倒れた金子は、立つこともできず戸板に乗せて運び出されるという悲惨な状態であったが、もと足軽という身分もあり、松陰とは別室に収容されたらしい。判決の中身は、両名を萩藩に引き渡し、在所での蟄居を命ずるという極めて寛大な処分であったが、幕閣を憚る藩政府は、松陰と金子の両名について国禁を犯した重罪人とみなし、万事に冷酷な取り扱いをしたものである。病に苦しむ金子が医薬も与えられず放置されていることを知った松陰は、八方手を尽くして待遇改善を求め、一時は絶食を試みて抗議したりしているが、さほど効果があったような形跡はない。

九月二三日、松陰と金子を乗せた駕籠は、下屋敷の不浄門、すなわち死骸を運び出す黒門から出発した。網をかぶせ鎖を下ろした唐丸駕籠に押し込められた二人は、腰縄だけでなく手錠を掛けられていたというから、これ以上ない物々しさである。

萩藩下屋敷跡（港区赤坂九丁目・檜町公園）

3　蒼龍軒跡——中央区鍛冶橋通り

鳥山塾に学ぶ

江戸に出て四カ月後の九月頃から、松陰は鍛冶橋外桶町にあった鳥山新三郎（確斎）の蒼龍軒に盛んに出入りするようになった。この塾については、江戸に来る前、萩城下で開塾していた土《つち》屋《や》蕭海《しょうかい》から情報を得ていた松陰であるが、江戸藩邸にいた友人の来原良蔵や中村百合蔵、井上壮太郎らもすでに出入りしており、彼らの紹介で来たことは、おそらく間違いない。鳥山は安房《あわ》の人、神田お玉ヶ池の東条一堂の瑤《よう》池《ち》塾に学んだ儒者であり、一時期幕臣の家来になったことがあるが、早々に致仕し、この頃、桶町に門戸を構え漢学を教授していたものである。その真摯な人柄が多くの若者たちを惹きつけたというが、時事を批判した『和戦論大旨』の著者として知られていたことも、人気を集めた一因のようである。松陰より一一歳年長の三三歳であった。

鍛冶橋通り
（中央区八重洲二丁目～京橋一・二丁目）

なお、この塾には、東北へ同行することになるもと南部藩士安芸五蔵《あきごぞう》、実は江幡五郎《えばたごろう》が寄宿しており、計画が具体化した秋から冬へかけて、松陰は、もう一人の同行者、熊本藩士宮部鼎蔵とほとんど毎日のように姿を見せている。三年後の下田踏海で行を共にする萩藩足軽の金子重之助とも、この塾で知り合った。金子は、萩城下で師事していた土屋蕭海に勧められて出入りするようになったものである。

鍛冶橋外桶町とはどこか

東北脱藩行で藩籍を剥奪され、浪人身分となった松陰は、当然のように藩邸に寝泊りすることができず、以後、江戸滞在中の宿はすべてここ蒼龍軒となったが、その正確な場所は一体どこであろうか。文久年間作成の「八町堀霊岸島《れいがんじま》日本橋南之絵図」を見ると、鍛冶橋の南側に鍛冶町、大工町などと並んで桶町一丁目、桶町二丁目の町名が見えるが、これは今の中央区八重洲二丁目から京橋一・二丁目の辺りらしい。東京駅八重洲口を出て首都高速八重洲線を南下すると間もなく鍛冶橋交差点に出るが、ここを左折して京橋方面に向かう東西に延びる鍛冶橋通りがかつて桶町のあった場所である。坂本龍馬が剣を学んだ小千葉《こちば》道場、千葉定吉《さだきち》の剣術道場が鍛冶橋外桶町にあったというから、やはりこの辺りであろう。松陰自身は、蒼龍軒の位置について、「鍛冶橋外に在り、御屋敷より近き処にて便利よろしく」と書いているが、この一帯ならば、桜田門外の藩上屋敷から直線距離で一・五キロ程度しかなく、徒歩二〇分くらいの距離である。

4　伝馬町牢跡――中央区日本橋小伝馬町

東口揚屋入りとなる

下田踏海事件で縛についた松陰は、嘉永七（一八五四）年四月一五日の夜遅く江戸に入り、北町奉行所の仮牢に収容された。現在の丸の内一丁目呉服橋西詰南角、東京駅八重洲口を出て外堀通りを北へ二、三〇〇メートルほどの地である。翌一六日の取調べで吟味中揚屋入りを申し付けられた松陰は、そのまま小伝馬町《こでんまちょう》の牢屋敷へ送られた。松陰の記した見取り図では、東口揚屋《あがりや》にいた。東二間牢とも呼ばれた中規模の雑居房であり、十人前後の同囚がいた。事件に連座した師の佐久間象山《さくましょうざん》は隣接するやや大きい東奥揚屋にいたが、獄中のため、直接の接触はない。

金子はもと足軽身分のため百姓扱いとなり、初め無宿牢、のち百姓牢の東大牢に移された。一室に数十人を押し込めたという劣悪な居住環境の上に外からの差し入れもほとんどなく、惨憺たる目に遭った。一方、揚屋入りの松陰は、初めきめ板の洗礼こそ受けたが、友人らの手厚い支援、とくに現金の差し入れのお陰ですぐに待遇がよくなった。現に彼は、ごく短期間のうちに並囚人から御客、若隠居、仮坐隠居、二番役などを経て添役、牢名主に次ぐ地位にまで駆け上がっており、それなりに居心地のよい思いをしたらしい。なお、松陰らは幕府法廷の裁きが出るまでの約五カ月間、この伝馬町牢にいた。

再度の獄中生活

安政六（一八五九）年七月九日、二度目の入獄となった松陰は、一〇月二七日の判決、処刑の日まで三カ月半余、伝馬町牢にいた。五年前と同じく雑居房であるが、今回はきめ板の出迎えはなく、入獄時から上座の隠居として遇された。安政大獄に連座した志士の一人という知名度だけでなく、牢名主が五年前の下田事件の松陰をよく知っていたことがプラスしたらしい。むろん、獄外から以前にも増す金品の差し入れがあったことも、無関係ではなかろう。

跡地に残る沢山の碑

　ところで、表幅五二間二尺、奥行五〇間、総面積二六七七坪の規模を有したという伝馬町牢は、東京メトロ日比谷線の小伝馬町駅を下り、北へ徒歩二、三分のところにあった。十思《じっし》公園と旧十思小学校、現・福祉施設の十思スクエアのある辺りが、その跡地である。メトロを出てすぐの歩道脇に、牢屋敷跡の小さな石碑と「都重宝、石町時の鐘・伝馬町牢屋敷跡・吉田松陰先生終焉《しゅうえん》之地」と記した案内板があるが、十思公園の入り口には、これをさらに詳しくした大きな案内板が建てられている。とくに後者の松陰に関する記述は、誕生から刑死に至る三〇年間の事跡や松下村塾で学んだ有名人など詳細に及んでいるが、村塾出身者に木戸孝允の名を挙げているのは正しくない。というのは、木戸、もと桂小五郎は、明倫館兵学門下生という意味で松陰と師弟関係はあるが、村塾に出入りして教えを受けたことは一度もないからである。萩の松下村塾に木戸の肖像が掲げられているのと同じタイプであり、松陰先生の功績を言い募るあまり、思わず筆を滑らせたものであろう。

　十思公園そのものは、都心の公園らしくこじんまりしたスペース一杯に樹木を植え、あちこちにベンチを配し、

十思公園（中央区日本橋小伝馬町）

松陰先生終焉之地（同前）

吉田松陰先生履歴（同前）

留魂碑（同前）

江戸史跡保存協賛会の案内板（同前）

江戸伝馬町処刑場跡（同前）

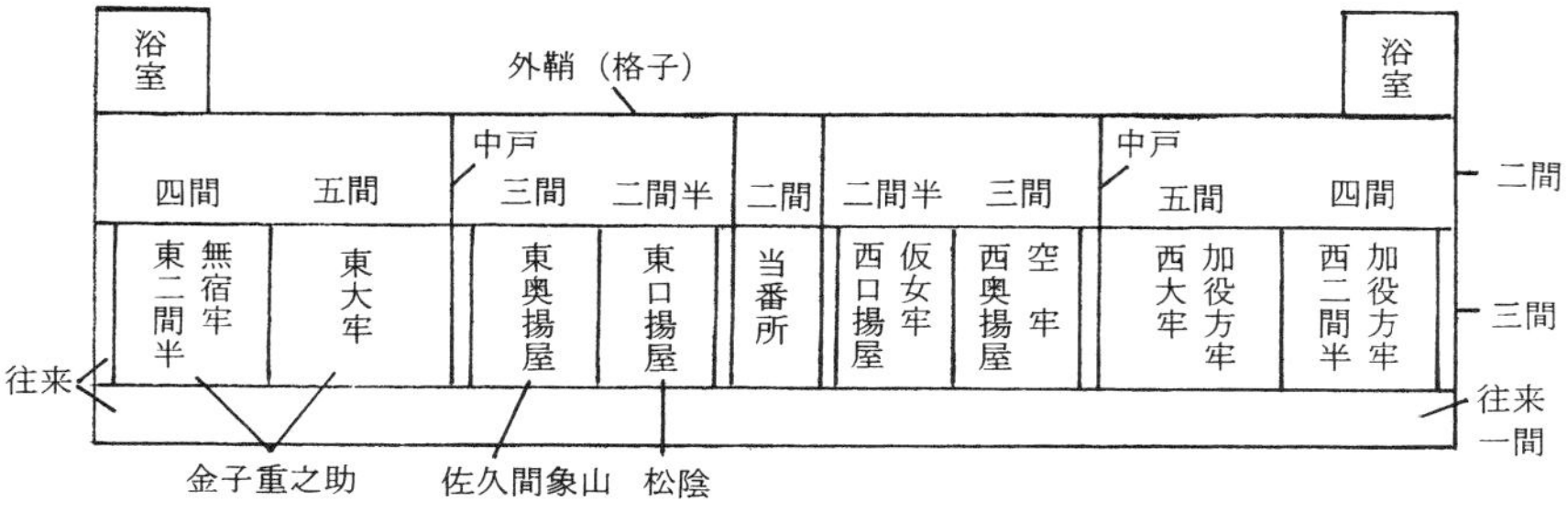

伝馬町獄平面図

子ども用の滑り台やブランコなどを設けた、どこにでもあるごく平凡な公園の佇《たたず》まいであるが、よく見てみると、右側奥に竹垣で囲んだ築山風の一角が設けられ、ここに松陰先生を記念する大小三つの碑が行儀よく並んでいる。もともとこれらは、松陰がいた獄舎の辺りと思われる旧十思小学校校庭にあったが、昭和一四（一九三九）年の公園整備にともない、現在地に移されたものである。

一番手前の小さな碑は、ここで松陰が刑死したことを示す「松陰先生終焉之地」であり、題字は時の文部大臣男爵荒木貞夫が書いた。裏面に、「萩城址の東麓宮崎八幡宮の附近より掘り出したる石　昭和十四年六月萩市有志者寄贈」とあり、わざわざ萩城近くの山から原石を切り出し、この地に運んで石碑としたことが分かる。真ん中の大きな碑は、人口に膾炙《かいしゃ》した辞世の歌、「身はたとひ武蔵の野辺に朽ちぬともとどめおかまし大和魂」を刻んだものである。俗に「留魂碑」と呼ばれるのは、刑死の前日、獄中で脱稿した遺言書、「留魂録」の冒頭に登場する歌だからである。一番奥の小さな碑は、「吉田松陰先生履歴」の題字が示すように、彼の略歴を記したものである。

処刑場跡

十思公園と道一つ隔てた向かい側に大安楽寺《だいあんらくじ》があるが、門前の垣根に「江戸伝馬町処刑場跡」と記されているように、ここにはかつて伝馬町牢の首切り場があった。寺内左側の観音立像の辺りが土壇場《どたんば》跡というから、松陰の首もこの辺りで切られたのは間違いない。厳密にいえば、「終焉之地」の碑は、本来ここに建てられるべきものであろう。

5　小塚原回向院の墓——荒川区南千住

刑死者の埋葬地

伝馬町牢で処刑された松陰の死骸は、南千住村の小塚原《こづかはら》刑場に運ばれた。牢死者や刑死者のために作られた刑場付設の回向院《えこういん》に埋葬するためである。当時、伝馬町の牢内における死罪は斬首のみを行い、磔《はりつけ》、獄門、火焙《ひあぶ》りなどの刑は、小塚原や鈴が森の刑場で行われたが、刑の如何にかかわらず、死者を埋葬する場所として初め本所回向院、やがて小塚原回向院が当てられた。松陰の場合もその例外ではなかったが、当時、江戸藩邸にいた飯田正伯《しょうはく》ら松門の人びとは、遺体がそのまま回向院へ移されることを嫌い、何とかこれを阻止しようとした。

遺骸の引き取りを画策

もともと伝馬町牢では、刑死者の遺体が外部へ引き渡されることはなく、処刑後すぐ官の手で回向院へ運ばれ一カ所に埋められた。つまり無縁仏扱いにされたが、松門の人びとにしてみれば、先生がその他大勢の刑死者と一緒に埋葬されるのにはとうてい耐えられない、何とか先生個人の墓を作りたい、少なくとも埋葬の場所だけははっきりさせておきたいと願った。そのためには遺体をいったん引き取り、自らの手で埋葬する必要があった。

刑執行の直後、松門の人びとは牢役人に密かに手を回して遺体の引き取りを画策したが、政治犯のためか難航しており、二日後の二九日夕方になってようやく認められた。早速、飯田と尾寺新之丞《おてらしんのじょう》が大甕と巨石を用意して回向院へ向かい、待ち受けた桂小五郎や伊藤利助（博文）らと共に、四斗桶から取り出した、まだ血まみれの先生の遺体を丁寧に洗い清め、衣服を改めて埋葬した。着衣はすべて剝がれ裸であったため、飯田は黒羽二重《くろはぶたえ》の下衣を桂は襦袢《じゅばん》を脱ぎ遺体をまとい、伊藤が帯を解いてこれを結んだという。当初計画した石塔は間に合わず、目印になる木標を立てたようであるが、ともかく墓らしい体裁は整った。

なお、遺体の引き取りから運搬、埋葬に至る一連の流れは、本来すべて違法行為であり、これをやり遂げるために彼らは、あちこちに多額の金品をばらまいた。江戸藩邸からその費用として公金二〇両が支出されており、いわば藩ぐるみの措置であったことが分かる。

史跡墓と並ぶ松陰の墓

江戸時代の小塚原回向院は、刑場を含めて一千坪余の広さがあったというが、今は密集する民家に囲まれた都会の寺院らしく、墓地をふくめせいぜい二、三〇〇坪程度の小規模である。地上に出た日比谷線南千住駅のまん前、徒歩二分のところにある。コンクリート造りの建物正面の壁に大きな葵の紋が付されているのは、この寺がかつて幕府刑場に所属する施設であったためであろう。

入り口脇に建てられた案内板に、「安政の大獄により刑死した橋本左内・吉田松陰・頼三樹三郎《らいみきさぶろう》ら多くの志士たちが葬られている」とあるが、その他、墓石など一切なく無縁仏として埋葬された人びとは、刑場廃止の明治一四（一八八一）年までの二百数十年間に、およそ二四万余人に達したというが、今の狭い境内からは想像もつかない大きな数字である。

回向院を入るとすぐ右側に、われわれもよく知っている義賊鼠小僧次郎吉や毒婦高橋お伝らの古い犯罪者の墓が並んでいるが、安政大獄に代表される政治的事件で死んだ松陰ら有名人の墓は、そのさらに奥の一角にブロック塀で囲まれている。「史跡墓」と称し参観時間をきめ、それ以外は施錠して見せないというのは、本来誰に対しても開放的な寺院ではあまり見たことのない光景であるが、管理を最優先するとこうなるのだろうか。

松陰の墓は、左右にずらりと並ぶ十数基の墓の突き当たり、一番奥にある。「松陰二十一回猛士墓」と刻まれた題字の外に何も記されていないが、おそらく文久二（一八六二）年に松門の久坂玄瑞が建てたという墓であろう。いかにも粗末な黒っぽい墓石は、有名人松陰にはいささか不釣合いな感がないではないが、幕政に抗して刑死した人物の墓だと考えると、案外納得がいく。左右に新しい花立があるが、右の花立には紀元二千六百二年九月廿日、また左の花立には皇風会東京支部とある。「教育吟詠による国民教化運動展開」をめざして登場した東京皇風会が、戦時下の昭和一七（一九四二）年に寄進したものである。

松陰二十一回猛士墓（同前）

回向院（荒川区南千住）

磯部浅一・妻登美子之墓（同前）

史跡墓（同前）

すぐ右側に鴨崖《おうがい》墓と刻まれた頼三樹三郎の墓があるが、一つおいた墓に小林其典とあるのは、実は小林民部《みんぶ》（良典《よしすけ》）のことである。三樹三郎は、頼山陽《らいさんよう》の第三子、安政大獄で伝馬町牢に繋がれ、松陰より少し前に刑死した。また小林は、松陰と一時同じ房にいた鷹司《たかつかさ》家の諸大夫であるが、獄中で死んだ。生前交遊のあった梅田源次郎（雲浜）の墓は、右側に並ぶ墓石群に紛れ込むようにあるが、松陰との関係をいうならば、もう少し近くに建てられてもおかしくないだろう。松陰らの墓所とは別の一角に、「橋本景岳先生墓所」と題した廟所とその事績を記した大きな顕彰碑が建てられているが、獄中で詩歌を贈るなど交流があったという越前福井藩士橋本《はしもと》左内《さない》の墓である。もと寺院の正面にあったが、墓地の改修により現在地に移された。

磯部浅一夫妻の墓

いわゆる史跡墓へ進む入り口に手水鉢があり、その右側にあたかも墓所を護る従者のような小さな墓があるが、ここには二・二六事件で処刑された磯部《いそべ》浅一《あさいち》とその妻登美子が眠っている。磯部は山口県大津郡菱海《ひしかい》村（現・長門市油谷）出身のもと軍人、昭和維新を叫んだ陸軍青年将校の中心的人物であり、早くから同郷の先輩である松陰を理想の人物視し、そのいわゆる「草莽崛起《そうもうくっき》」に強く憧れ、自らをその忠実な後継者になぞらえていたことは想像に難くない。志半ばで敗れ刑死する運命を辿ったのも松陰と同じであり、死後、回向院に葬られることを強く望んでいたはずである。その意思を尊重したのであろう、初め磯部の墓は松陰の墓のすぐ側に並んで建てられていたが、数年前の墓地改修で今の場所になった。尊攘討幕運動に活躍した志士たちとは、そもそも時代が異なるということのようであるが、明治初年に新政府転覆をめざして失敗、小塚原刑場で斬られた雲井《くもい》龍雄《たつお》の墓が、やはり磯部夫妻の墓に向かい合うように立っているのも、おそらく同じ理由からであろう。

6 泉岳寺——港区高輪二丁目

赤穂義士の墓に詣でる

江戸滞在中、松陰は何度か泉岳寺《せんがくじ》に詣でる機会があった。最初の出会いは、嘉永四（一八五一）年春の江戸出府の途中である。四月九日の丑半時、すなわち午前三時に川崎の宿を発った松陰は、品川宿に着いたところで夜明けを迎えた。泉岳寺の前を通って高輪《たかなわ》の大木戸をめざしたというが、このときは先を急ぐ旅の途中であり、街道に面した総門から中門やその奥の山門を一見しただけであり、境内左手にある義士の墓所は素通りした。なお、このとき松陰が見た総門はなくなり、今は中門と山門しかない。本堂は先の戦災で焼失し、戦後新しく再建されたものである。義士の墓地へ通ずる道側に残る首洗いの井戸は、松陰も眺めたはずである。ここから左手へ延びる道を行くと浅野内匠頭《たくみのかみ》の大きな墓に出るが、その傍らの石塀に囲まれた一角に、大石内蔵助を初めとする赤穂義士の墓が並んでいる。

一番右手にある屋根付の大石の墓はさすがに大きいが、その他はごく粗末な小さい墓であり、注意して見ないと誰の墓かよく分からない。なお、討ち入り前に切腹した萱野三平《かやのさんぺい》の墓をふくめ、四八基の墓があるが、討ち入り成功を諸方に報告して自首、のち赦されて天寿を全うした寺坂吉右衛門の墓は、後年に建てられたもので松陰の時代にはない。

山鹿素行と播州赤穂藩とは浅からぬ因縁がある。素行は三一歳から九年間、浅野家の禄を食んだことがあるが、寛文六（一六六六）年、幕府官学の朱子学を批判して処罰されたときは、延宝三（一六七五）年まで一〇年間浅野家にお預けの身となっている。計一九年に及ぶ長い年月、素行は浅野家で直接、間接に藩士に教えていたわけであり、大石内蔵助以下の赤穂義士たちが早くから山鹿流兵学を熱心に学んでいたことは、改めて述べるまでもない。山鹿流のいくさ装束に身を固めた彼らが、山鹿流の陣太鼓を打ち鳴らしながら本所松坂町の吉良邸に討ち入ったというのは、真偽のほどはともかく、昔から芝居などでよくお目にかかる光景である。

いずれにせよ、この赤穂義士の快挙は、同じ山鹿流兵学を代々家学とする松陰にとってまことに誇らしく大いに自慢すべき出来事であり、泉岳寺に対する思い入れも人一倍強かった。ただ、江戸到着後の彼は、藩邸内の公務や市中の諸塾に出入りするのに忙しく、泉岳寺参詣を思い立ったのは九月二七日のことであり、江戸に来てからすでに半年近くを経ていた。当日、近くの海晏寺《かいあんじ》に立ち寄り評判の紅葉を見たのは、今の観光客と大差がないが、泉岳寺ではわざわざ銭一六文を出して「義士墓図」を買っている。忠臣蔵に登場する義士たちの誰がどの墓に眠っているのか、事細かに知りたかったのであろう。

義挙への憧れ

嘉永四（一八五一）年の冬、東北遊歴を企てた松陰は、同行を約した熊本藩士宮部鼎蔵やもと南部藩士江帾五郎と出発日を一二月一五日、また集合場所を泉岳寺の門前としていた。赤穂義士の吉良邸討ち入りの日に合わせたものである。松陰と宮部はそれぞれの藩の山鹿流兵学師範であり、また江帾は兄

泉岳寺中門（港区高輪）

泉岳寺山門（同前）

義士墓（同前）

春庵の敵討ちをめざす身であったから、三人にとって泉岳寺門前を旅の起点にするのに、これ以上ふさわしい場所はなかった。

よく知られているように、旅行手形が間に合わなかった松陰は、藩許を得ないまま出発した。つまり脱藩行であったため、友人たちと約束した泉岳寺には行かず、前日の一四日に藩邸を出たその足で日本橋から千住駅を経て水戸街道に入り、ひたすら北上した。

嘉永七（一八五四）年春、下田踏海事件で縛についた松陰は、江戸へ檻送される途中、泉岳寺の門前を過ぎたが、そのさい、「義士に手向《たむ》け侍る」と題しながら、「かくすればかくなるものと知りながら已むに已まれぬ大和魂」という歌を詠んだ。国法を犯した自らの密航計画を天下を騒がした吉良邸討ち入りに結びつけ感無量になったものであろう。

品川方面から来ると、進行方向の左手、京浜急行の泉岳寺駅を出てすぐ、西へ延びる緩やかな坂道を一〇〇メートルほど歩くと、天保七（一八三六）年に建てられたという泉岳寺の中門が見えてくる。頭上に掛かる「萬松山」の額は、明代の禅僧為霖道霈《いりんどうはい》の書という。

7　練兵館跡——千代田区九段北三丁目

江戸に出て間もなく松陰は、麹町三番町にあった練兵館《れんぺいかん》に姿を見せている。斎藤弥九郎《さいとうやくろう》・新太郎《しんたろう》親子が教える神道無念流《しんとうむねんりゅう》の剣術塾であり、当時、千葉や桃井道場と共に江戸を代表する三大道場の一つとして知られた。松陰の目的は、剣術を学ぶためではなく、二年前萩城下に招かれ、明倫館剣術道場で教えた新太郎が単なる武辺と異なり、文事にも優れた有為の人物であることを知り、親しく交際を求めたものである。このとき新太郎は二三歳、松陰より一歳年長の若者であり、二人は年来の友を得たように、すぐに意気投合した。斎藤親子が時おり桜田藩邸の文武講習場、有備館《ゆうびかん》に招かれ教えていたことも好都合であった。

靖国神社大鳥居（千代田区九段北三丁目）

神道無念流練兵館跡（同前）

靖国神社境内の碑

桂小五郎、後の木戸孝允が塾頭（師範代）に任じたように、練兵館には早くから長州藩士が多く、村塾からも高杉晋作、赤禰武人《あかねたけと》、品川弥二郎らが相次いで入門した。いずれも時期的には晩く、おそらく松陰先生の推奨によるものであろう。

「江戸切絵図」を見ると、練兵館の地は堀田左京、下野《しもつけ》佐野藩の上屋敷の斜め前辺りであるが、維新後取り壊されて東京招魂社、後の靖国神社の一部となった。都営メトロ半蔵門線の九段下駅を出て坂下門の方角へ歩くと間もなく、靖国神社の第一鳥居（大鳥居）が現れるが、この参道を大村益次郎銅像を見ながらまっすぐ進み、第二鳥居を潜ると、拝殿の前に出る。ここを左折すると、靖国通りの中ほどに設けられた南門である。「神道無念流　練兵館跡」と刻んだ碑は、この門を入ってすぐ左側の木立の下にある。平成九（一九九七）年三月、千代田区観光協会が建てた比較的新しい碑である。傍らの「幕末志士ゆかりの練兵館跡」と題した案内板がいう高杉、桂、品川らの入門に間違いはないが、伊藤俊助（博文）の出入りについては、これを裏付ける史料がない。

8　松陰神社　世田谷区若林四丁目

渋谷からだと、東急田園都市線の三軒茶屋で下車、ここで世田谷線に乗り換え、松陰神社前で下車し、右手に広がる商店街を抜け五分ほど歩くと、松陰神社の前に出る。

火除地に作られた神社

明治一五（一八八二）年一一月、品川弥二郎ら東京在住の旧門生が中心になって募金活動を行い、松陰墓所の南側に松陰神社を建てた。神社の鎮座する一帯の地は、もと萩藩が所有した若林抱地と呼ばれる一万八三〇〇坪の広大な火除地《ひよけち》であり、早くから藩主の鷹狩りや保養の場所として使われていた。

文久三（一八六三）年、高杉晋作が赤禰武人や伊藤俊助（博文）ら松門の有志に呼びかけ、南千住の回向院から亡師松陰の遺骨を掘り出してこの地に改葬した。前年一一月二八日の幕府の大赦令により松陰ら政治犯の罪がゆるされたのを踏まえ、罪人の墓が並ぶ回向院は、尊王の志士松陰先生の墓所にふさわしくないと考えたものである。なお、改葬は師の松陰だけでなく、近くに眠る頼三樹三郎や小林民部らの遺骨も一緒であり、二人の墓も同じ境内にある。安政大獄で死んだ志士のうち、とりわけ松陰と親しかったからである。

南千住の回向院からここまで、直線距離で優に一六キロはある。上野山下を通過したというから、現在の交通ルートでは、都営メトロ日比谷線で南千住から上野に出て銀座線、半蔵門線、東急世田谷線を次々に乗り継ぎ、松陰神社前まで来ることになる。連絡がうまくいったとしても、一時間近くはかかる。当日、高杉らは騎馬で進んだというが、桜田門近くの藩上屋敷から南千住まで少なくとも八キロ余は歩くから、計二四キロ、実に六里余の遠距離である。墓穴を掘り起こす改葬の作業もふくめれば、おそらく一日がかりの大仕事となったはずである。

松陰先生の像

正面鳥居を潜ってすぐ左側に、松陰の坐像があるが、この像は靖国神社の大村益次郎像で知られる彫刻家大熊氏広《おおくまうじひろ》の石膏像を写したものであり、もとの作品は社務所の中にある。松陰ファンとして知られた杉浦重剛が実業家長谷川芳之助と協力して明治三一（一八九八）年頃に完成させたもので、初め彼が経営する日本中学校（現・日本学園）に安置されていたが、大正五（一九一六）年、日本中学の移転にともない、松陰神社に寄贈された。理由はよく分からないが、この像は、写真撮影はむろん見学も許されていないため、社務所で販売されている絵葉書で見るほかはない。カメラ・アングルもあるだろうが、この画像を見るかぎり、松陰先生はやや太り気味の中年の穏やかなおじさんといった風貌であり、一般に知られた痩せぎすのぴりぴりした感じとは大いに雰囲気が異なる。

国士館から移された村塾

復元された村塾は、当初、大正八（一九一九）年に松陰神社のすぐ側に創められた国士館高等部（のち国士館専門学校）にあった。国士館の創立者柴田徳次郎はかねて熱烈な松陰信奉者であり、村塾教育の現代化を建学の精神とした。開学早々から松陰神社境内で国士祭りを定期的に行うだけでなく、教職員や生徒全員に松陰神社への参拝を日常化するなど、何かにつけ村塾教育に接近することをめざしたが、塾舎の模築はその延長線上に登場したものである。昭和一三（一九三八）年の国士館松下村塾、景松塾の建設である。景松塾とは松陰先生を景仰《けいぎょう》する、敬慕・賛美して止まない学舎という意味であり、原寸大に復元した塾舎を舞台にしながら、「学生に勤皇精神注入」をめざした。

なお、景松塾、すなわち松下村塾の松陰神社への移設は、昭和一六（一九四一）年一一月に行われた。時あたかも聖戦完遂の国策に松陰崇拝がもっとも利用されていた時期であり、一私学の構内にあるより、松陰神社の境内に移した方が、より多くの人びとの目に触れ、広く世に影響を及ぼすことができると考えられたようだ。

ところで、この塾舎は十数年前までは、神社境内を入ってすぐ左手の地に松陰坐像とともにあったが、現在ではまったく別の社殿右脇に移されている。専用の駐車場を新しく作るために塾舎を動かす必要があったらしいが、坐像と切り離されて見ると、いささかちぐはぐな感じがする。社殿側の木々に包まれたやや薄暗い場所という立地条件もあるが、以前あったのが参拝客の一番目につきやすい所であっただけに、よけいその落差が大きい。

松陰坐像（同前）

松陰神社鳥居（世田谷区若林）

吉田寅次郎藤原矩方墓（同前）

模築松下村塾（同前）

松陰と関係者の墓所

社殿の左側へ進むと、「吉田松陰他烈士墓所」の案内板の立つ一角がある。禁門の変や長州征伐のさい、幕府の命によってたびたび破壊されたが、維新後、木戸孝允らの手で修復・再建されたものである。正面に並んだ五基の墓のうち、中央に吉田寅次郎藤原矩方墓が鎮座し、右側に小林民部と頼三樹三郎、左側に来原良蔵と福原乙之進《ふくはらおとのしん》の墓がある。文久二（一八六二）年、江戸藩邸で自刃した親友来原の墓は、松陰らが改葬された数日後に芝青松寺《せいしょうじ》から移された。また翌三年一一月、幕吏と闘い憤死した福原の墓は、死後すぐここに葬られた。五基の墓の右側にあるのは、元治元（一八六四）年の長州藩邸没収事件関係者の慰霊碑であり、左側にある墓は、そのさい闘死した綿貫治良助《わたぬきじろすけ》を葬ったものである。

墓所へ向かう参道の右側に中谷正亮《なかたにしょうすけ》の墓があるが、文久二年、江戸出府中に病死した塾生の一人であることを思い出した松門の人びとが、維新後に芝清岸院《せいがんじ》からこの地に移したものである。また左側に中谷の墓と相対するように並ぶ野村靖夫妻の墓は、最晩年もっとも可愛がられた塾生のもと和作、後の靖の遺言によって、夫の靖は明治四二（一九〇九）年、妻の花子は四四年にここに葬られた。

9　玉川大学構内の松下村塾——町田市玉川学園六丁目

咸宜園と並んで立つ村塾

新宿から小田急線に乗り玉川学園前で下車する。広大なキャンパスを通り抜ける小田急線沿いをまっすぐ大学の正門をめざして進み、玉川池、坂下門と続く道を五、六分ほど歩くと、左手の高台に昭和四一（一九六六）年暮に復元された松下村塾が見えてくる。百数十年前、豊後日田（現・大分県日田市）にあった江戸時代最大のマンモス私塾として知られた広瀬淡窓《ひろせたんそう》の咸宜園《かんぎえん》は、そのもう少し奥まった所に、いわば姉妹校のような形で作られている。

案内板が、「本学有志の者相協力して原型のままをここに模築し、その偉業を記念しようとするものである」と

模築松下村塾（町田市玉川学園構内）

模築咸宜園（同前）

松陰橋（同前）

いうように、学園の創始者、小原国芳《おばらくによし》がもともと熱心な松陰ファンであったこともあるが、直接のきっかけは、通信教育部のスクーリングの場として構想されたものであり、咸宜園の復元と並行して完成された。僅か二年一〇カ月の短期間しか存続せず、せいぜい九〇余名の塾生しかいなかった村塾と前後九〇余年の間に淡窓をふくむ十代の塾主が全国各地から実に五千余人もの学徒を集めた咸宜園とでは、授業の進め方や評価システムなどすべての点で対照的であるが、これら二つの私塾を、江戸時代を代表する学塾として一カ所に並べて見せたところが斬新な発想であり、いかにも刺激的である。

松陰橋

なお、正門から松下村塾へ続く道を右手へ折れ大学八号館めざして行くと、小田急線路をまたぐように架かる陸橋の袂に「しょういんばし」と刻んだ標柱が立っているが、これもまた、松陰先生にあやかりたい一心から名付けたもので、特別の意味はなさそうだ。正門すぐの地に付けられた坂下門（幕末に老中襲撃事件の起こった江戸城の門）と同様のネーミングであろう。

第四章　北辺の守りを探る旅——なぜ脱藩行なのか

嘉永四（一八五一）年一二月一四日から翌五年四月五日まで、計一四〇日の長きに及んだ東北への旅は、藩より交付される過所《かしょ》（旅行手形）を持たずに出発した、つまり藩許を得ないまま行方をくらましたものである。これは藩の禄を食む、いわば公人のサムライにとってはまことに怪しからぬ振る舞いであり、脱藩行といわれる所以である。

ではなぜ、松陰はこのような違法行為をあえてしたのか。萩藩兵学師範の一人として早くからツァーリズム・ロシアの南下政策の脅威をひしひしと感じつつあった松陰は、北辺の守りが今どうなっているのか、自らの足で歩き、実際にこの目で確かめてみたいと考えていた。いかにも軍事の専門家らしい発想であるが、その直前、六月一三日から二二日まで、熊本藩士宮部鼎蔵と二人で試みた房相沿岸巡検の旅で、江戸近辺の守りがいかに脆弱であるかをつぶさに知ったばかりであり、すぐにも出発したいと考えたようだ。

事実、江戸に帰って一カ月足らずの七月一六日には、早くも江戸藩邸に東北旅行の願書を出している。東北の地を訪ねて地勢を探り国風を実見するだけでなく、「水戸・仙台・米沢・会津等文武盛んの」地を訪ねて大勢の学者に教えを乞い家学修業の一助にしたいなどというものである。この願書自体に問題はなかったらしく、同月二三日付の指令には、今秋もしくは来春の出発時から帰着まで一〇カ月間の御暇を差し許すとある。

七月末の時点で許可の内示を得た東北への旅は、これまでの慣例どおり、出発の近づいた一二月に入り書類を提出したが、なぜか正式の決定に至らず、したがって過所の交付もなかった。藩邸役人の説明では、国許の藩主に伺い出てその決裁を得なければならず、しばらく出発を待てというのだが、この間、五カ月近くの歳月が経過していることを思うと、この遅れはやはり不可解である。重役連が同行の二人、熊本藩士宮部鼎蔵ともと南部藩士江帾五郎のうち、江帾が兄春庵の敵討ちを企てていることを知り、旅先で刃傷沙汰に松陰が巻き込まれることを恐れ、何とか同行を阻止しようとしたというが、あり得ない話ではない。松陰らが出発日と決めた一二月一五日の数日前になって、突然過所の交付が遅れる、つまり出発を先へ延ばすように告げられたのが、その辺の事情を物語ってくれるようだ。

ところで、松陰らが一二月一五日の旅立ちにこだわったのは、この日が赤穂義士の吉良邸討ち入りの日であったからである。赤穂義士が本懐を遂げた記念すべき日に出発しようというのは、もともと敵討ちの旅に出る江帾の発案であり、これに山鹿流兵学を学んだ赤穂義士と同門の松陰と宮部が賛成したもののようだ。待ち合わせ場所は泉岳寺前とされたが、おそらく当日、義士の墓前に詣で前途の行を壮んにしようと考えていたに違いない。

過所は結局間に合わず、松陰は脱藩という非常手段を選んだが、なぜもう少し待てなかったのだろうか。松陰自身は、脱藩行が君親に背く、すなわち忠や孝に反することを思わないわけではないが、男子がいったん誓ったこと、友人たちとの約束を反故《ほご》にすることは到底できない、亡命は国家に背くかに見えて実は一身の罪でしかないが、長州人が優柔不断といわれ信義に反するのは、藩国の恥を他国にさらすことになり堪えがたいなどと主張する。一見もっともらしいが、やはり強弁のそしりは否定できないだろう。

藩邸側の真意ははっきりしないが、延々と待たされた松陰の方は、一体いつになれば過所が交付されるのか疑心暗鬼になっていた。おそらく一番恐れたのは、このまま出発がずるずると引き延ばされ、旅行そのものがうやむやになってしまうことであろう。しびれを切らした松陰が、もはや脱藩以外に道はないと考えたのも分からないではない。ただ、この行為は、藩法に反する立派な犯罪行為であり、事が漏れると邪魔が入る、つまり隠密裏に実行されなくてはならなかった。

嘉永四(一八五一)年一二月一四日の巳時、すなわち午前一〇時、桜田門外の藩上屋敷を出た松陰は、一路水戸城下をめざして北上した。当初の予定を一日早めた旅立ちであり、また同行を約した宮部らとの待ち合わせ場所の

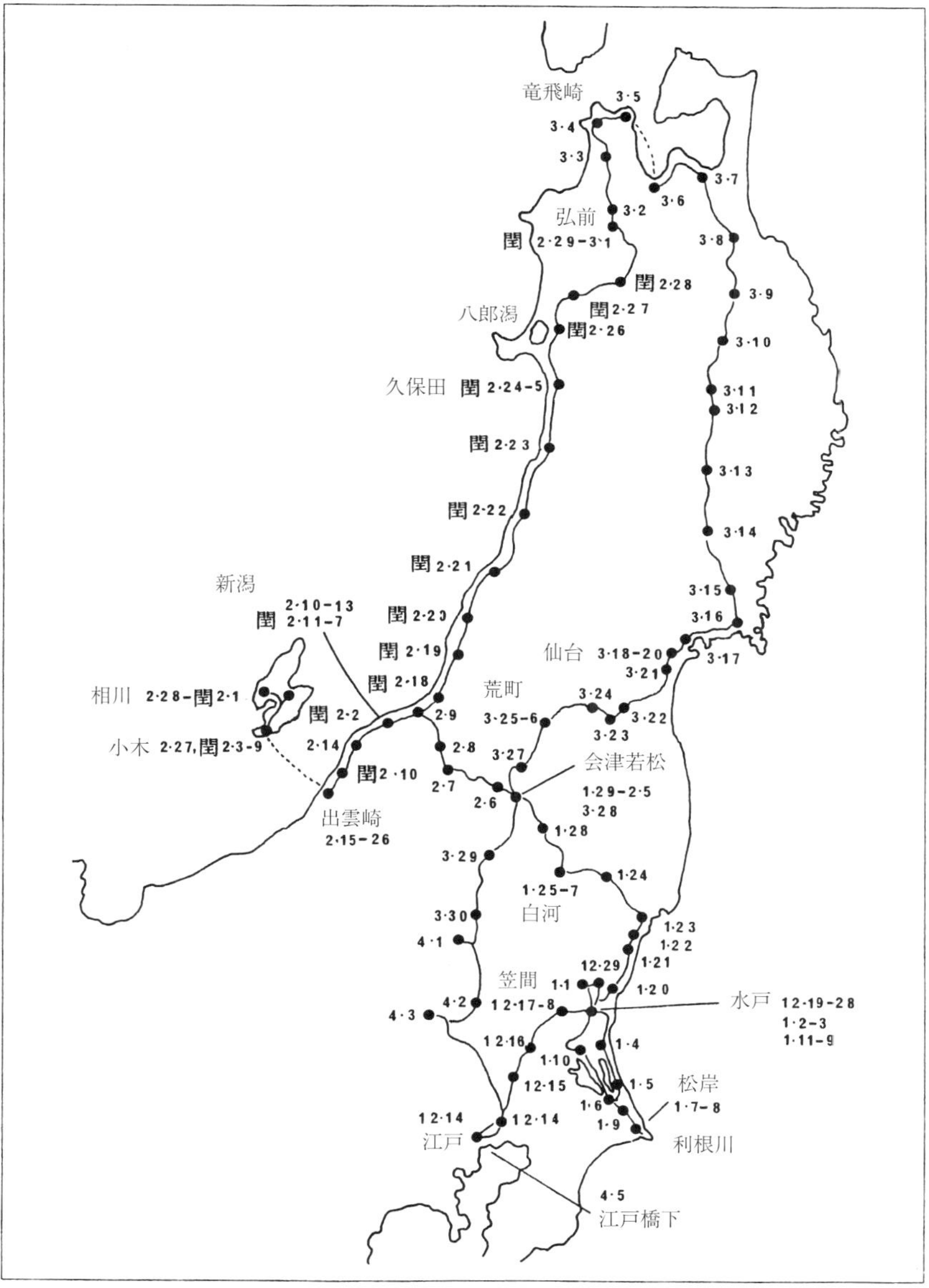
竜飛崎
3·5
3·4
3·3
3·6
3·7
弘前
3·2
閏 2·29−3·1
3·8
閏 2·28
3·9
八郎潟
閏 2·27
閏 2·26
3·10
久保田 閏 2·24−5
3·11
3·12
閏 2·23
3·13
閏 2·22
3·14
閏 2·21
新潟
閏 2·10−13
閏 2·11−7
3·15
閏 2·20
3·16
閏 2·19
仙台 3·18−20
3·17
3·21
閏 2·18
荒町
相川 2·28−閏 2·1
3·24
閏 2·2
2·9
3·25−6
3·22
3·23
小木 2·27, 閏 2·3−9
2·14
2·8
3·27
会津若松
閏 2·10
2·7
2·6
1·29−2·5
3·28
出雲崎
2·15−26
1·28
3·29
1·24
1·25−7
白河
3·30
1·23
4·1
1·22
12·29
1·21
笠間
1·1
1·20
4·2
12·17−8
水戸 12·19−28
1·2−3
1·11−9
4·3
12·16
1·4
1·10
12·15
1·5
松岸
1·6
1·7−8
12·14
12·14
1·9
江戸
利根川
4·5
江戸橋下

東北遊歴

泉岳寺前にも行かなかったが、いずれも過所を持たない脱藩行を単なる外出に見せかけるための工夫であろう。長州浪人松野他三郎と称していたのも、そのことと無関係ではなく、身元を隠すために急遽思いついた変名らしい。松野は、吉田家の遠祖で織田信長に仕えたという松野平介にさかのぼる苗字であり、また他三郎は、松陰の大伯父となる吉田家第六代矩建の名をそのまま拝借したものである。

1　脱藩第一夜の宿——千葉県松戸市上本郷

山中の寺に泊る

日本橋から千住駅を経て水戸街道に入り、新宿《にいじゅく》（現・葛飾区新宿町）を過ぎ松戸駅まで来たところで日没となったが、江戸藩邸から追っ手が来ることを恐れたのか、宿場付近に軒を並べる旅宿には泊まらず、本郷村の山中をさらに二丁余進んだところにある本福寺に一夜の宿を求めた。初めて来た見知らぬ地で暗い夜道をどうやって本福寺まで辿りついたのか不思議だが、住職の了音を知る江戸の誰かの紹介状を携えていたのかもしれない。JR常磐線の北松戸駅前から南へ直線距離で五、六〇〇メートルほどの小高い地であるが、今は周囲に民家が立ち並ぶ住宅街であり、人里離れたかつての面影はない。

時宗礼拝恭敬院本福寺
（千葉県松戸市上本郷）

吉田松陰脱藩の道（同前）

土地の言い伝えでは、翌朝早く起きた松陰は、一宿の礼に寺の本堂で学ぶ子供たちの手習いを見たというが、当日の「日記」に、「辰時、寺を出づ」とあるように、朝八時頃にはすでに寺を辞し旅立っており、教えたとしてもさほど長い時間ではなかろう。

松戸市上本郷にある本福寺へは、JR常磐線北松戸駅で下車するのが一番近く分かりやすい。駅前を南北に走る国道六号を越えてまっすぐ五〇〇メートルほど進み、最初の交差点で右折、間もなく現れる明治神社の角を右へ入り、二、三〇メートル先を左折すると本福寺の前に出る。駅前から徒歩一〇分ほどの距離である。クルマだと、国道六号を経由して北松戸駅前まで来れば、後は同じ道順となる。

「吉田松陰脱藩の道」と題した肖像入りの石碑は、「時宗礼拝山恭敬院本福寺」の大きな石柱の見える参道の入り口右脇に建てられている。碑表の左隅に小さく「嘉永四年（一八五一年）辛亥《しんがい》十二月十四日　寄寓の地　松陰二十二歳」とあり、百数十年前の暮、ここに松陰が一泊した事実はすぐに分かるが、なぜか刑死の前日に詠んだ辞世の歌、「身はたとひ武蔵の野辺に朽ぬとも留め置まし大和魂」が大きく刻まれているのは、この寺と何の関係もないだけにいささか分かりにくい。せっかく脱藩の道というのならば、素直に東北遊歴の第一夜の宿とでもした方がずっと分かりやすく説得力を増すように思うが、どうだろうか。

2　永井政介旧宅跡――茨城県水戸市南町三丁目

剣客永井政介を訪ねる

水海道《みつかいどう》、筑波山、真壁《まかべ》、笠間と泊まりを重ねた松陰は、一二月一九日、水戸城下に入り、すぐその足で中町、今の南町三丁目に居を構える水戸藩士永井政介《ながいせいすけ》の家に草鞋を脱いだ。当主の政介は、後期水戸学の出発点となった「正名論《せいめいろん》」の著者藤田幽谷《ふじたゆうこく》の青藍舎《せいらんしゃ》に学び、また藩内屈指の剣客としても知られた人物であるが、わざわざ松陰が訪ねたのは、江戸練兵館の斎藤新太郎の紹介である。永井は、おそらく練兵館に数年間学んだ神道無念流の門人であろう。水戸城下には、翌年正月一九日まで約一カ月間滞在したが、宿泊先は、近隣への小旅行で水戸を留守にしたごく短期間を除き、おおむねこの永井家であった。

吉田松陰留学之地（茨城県水戸市南町三丁目）

ところで、永井の旧宅は、水戸の中心街を東西に走る国道五〇号を南町三丁目まで来て、北へ一筋入った道に面する水戸セントラルビルの地にあった。住友生命水戸ビル前にある会沢正志斎《あいざわせいしさい》旧宅跡のほぼ真後ろ、ＮＨＫ水戸放送局と道を隔てた斜め手前の辺りとなる。ビルの正面に大きな碑が案内板と並んで建てられているが、碑表には永井家を去るに当たり松陰が一子芳之助に贈った「四海皆兄弟」で始まる長詩が刻まれており、「吉田松陰留学之地」の題字は、なぜか建碑の由来や発起人、執筆・製作者、竣工年月日などと共に裏面に掲げられている。傍らの案内板で分かるということらしいが、題字はやはり通りの正面にないとアピールしない。存在感のある立派な碑だけに、よけいそうした思いを強くする。

3　会沢正志斎旧宅跡——水戸市南町三丁目

水戸遊学最大の目的を果たす

水戸に来て三日目の一二月二一日、松陰は「新論」の著者として一世を風靡《ふうび》した会沢正志斎を訪ねた。幕閣による藩主斉昭《なりあき》の処罰事件に関わり、南街塾の名で知られる自宅は没収され、この頃、正志斎は幸町に居を移していた。今は消滅してない幸町は、水戸城西の武家屋敷、現在の梅香《ばいこう》、南町から泉町、備前町の一部を合わせた地である。松陰が訪ねた家が幸町のどの辺りか正確な場所は分からないが、いずれにせよ、もと中町、現・南町三丁目の永井家からさほど遠くない距離であろう。

水戸駅前から南町三丁目まで西へ一〇分ばかり歩くと、大通りに面した住友生命水戸ビルの前に会沢正志斎の小さな立像と屋敷跡を示す案内板が建てられているが、松陰が出入りした幸町の家が、ここだという確かな証拠はない。その意味では、案内板が松陰の来訪に言及せず、「長州藩の吉田松陰や久留米藩の真木和泉に強い影響を与えた」ときわめて抑制の利いた説明をしているのは、正解である。

会沢正志斎像（水戸市南町）

なお、「日記」によれば、水戸滞在中、松陰は前後五回会沢邸を訪ねて教えを乞うている。「会沢を訪ふこと数次なるに率《おおむ》ね酒を設く」と書いたように、出入りのたびに手厚くもてなされているが、肝心の政治的議論については、あまり聞くことがなかったらしい。烈公処罰の一件に連座して三年間の宅慎みの後、幽閉を解かれたばかりの正志斎が、他藩からやって来た血気盛んな若者たちに必ずしも歯切れがよくなかったのは、むしろ当然であろう。このときすでに七二歳、いささか年をとり過ぎていたことも無関係ではあるまい。

4　偕楽園・好文亭——水戸市常磐町

名園の荒廃を怒る

年末も押し迫った一二月二六日、松陰は宮部や江幡らを誘い偕楽園を訪ねた。天保一三（一八四二）年に藩主徳川斉昭が千波湖《せんばこ》畔の景勝の地を選んで作った敷地、実に一三万八〇〇〇余平方メートルという広大な遊園である。一万本を数えたという梅林、それに二層三階の好文亭《こうぶんてい》や奥御殿などを見るためであるが、「今は則《すなわ》ち荒廃す、之れが為めに唏嘘《ききょ》して去る能はず」と記したように、松陰が来た頃は、日本三名園の一つに数えられる評判の庭や自慢の建物も手入れが行き届かず、荒れ放題のままであったらしい。数年間に及んだ烈公処罰の影響をもろに受けた結果であることはいうまでもない。

偕楽園（水戸市常盤町）

好文亭（同前）

もともと偕楽園は、藩校弘道館《こうどうかん》で勉学に励む藩士の休息の場であるだけでなく、「衆と偕《とも》に楽しむ」の名前が示すように、城下の一般庶民にも広く開放された文字どおり公園として構想されたものであり、今では常磐公園と名前を変え、すぐ側の千波公園とともに、水戸市民が自由に散策して風景を愛で季節の花々を楽しむ絶好の場となっている。創建当初からあったという二〇〇余種の花木、なかんずく一〇〇種、三〇〇〇本を数える梅や庭園の至る所に植えられた萩は、見事な枝葉をあたり一面に伸ばしており、春秋の季節には素晴らしい眺めを訪れる人びとに披露してくれる。なお、好文亭や奥御殿は先の大戦ですべて焼失し、現在われわれが見ることができるのは、戦後相次いで復元された建物である。

偕楽園へは、JR常磐線水戸駅の一つ手前の偕楽園駅で下車するのがもっとも近い。ここから北の方角へまっすぐ一五〇メートルほど進むと左に東湖神社があり、正面に常磐神社が見えてくるが、偕楽園、現・常盤公園は東湖神社の前を西へ進んだところにある。水戸駅からクルマで来ると、国道五〇号を大工町まで来て左折し、千波湖をめざして南下すると右前方に現れる。千波湖の西側に位置する一帯であり、園内には好文亭や奥御殿だけでなく、表門、偕楽園記碑、仙奕台《せんえきだい》、仙湖暮雪《せんこのぼせつ》碑、吐玉泉《とぎょくせん》などの遺構がある。

5　水戸藩校・弘道館跡――水戸市三の丸

外から眺めた水戸藩校

弘道館《こうどうかん》は、天保一二（一八四一）年に創設された水戸藩士のための文武の学校であり、城内一七万八四三一平方メートルの広大な敷地に正庁、文館、武館、天文方、医学館、寄宿寮、調練場、矢場、砲術場などの施設を有した。江戸時代にあった三百諸藩の大小さまざまな藩校の中でも最大級の規模と内容を誇る高等教育機関として知られたが、なぜか松陰は一度もこの弘道館を訪れておらず、したがって弘道館に関する見聞は何も残されていない。東北遊歴中、行く先々で必ずといってよいほど藩校を訪ね、その教育制度や授業の実際を見るのをテーマにしていた松陰にしては、いささか分かりにくい行動であるが、おそらく水戸藩が藩校弘道館を他藩人に固く門戸を閉ざし、授業の参観はもとより、情報収集の類いを厳しく取り締まっていたためであろう。

JR水戸駅前の大通りを三の丸一丁目の交差点で右折し、坂道を二〇〇メートルばかり上がると江戸の建物風にデザインされた白壁造りの三の丸小学校が現れる。旧弘道館はその北隣にあった。水戸城跡大手門の向かいに位置する正門を潜ると、正庁、至善堂、孔子廟、弘道館記碑、学生警鐘《けいしょう》などの重要文化財や特別史跡がある。水戸駅から徒歩五、六分の近距離であるが、松陰らが寄宿した永井家からも一〇分ほどのところであり、構内へ足を踏み入れたことはなくても、壮大な建物群を外から見る機会は何度もあったに違いない。

弘道館（水戸市三の丸）

6　子生弁天の宿跡——鉾田市子生

鹿島灘沿いに延びる国道五一号を南下して鉾田《ほこた》市に入り、旭総合支所入口の交差点を越えてすぐ子生弁天《こなしべんてん》のバス停で下車すると、国道を挟んだ斜め向かい側に厳島《いつくしま》神社の小さな鳥居が見える。松陰の来泊を記念する「吉田松陰先生遺蹤碑《いしょうひ》」は、この鳥居の左脇、すぐ側に民家が接した狭い空間にいかにも窮屈そうに立っている。

厳島神社に詣でる

建碑者峰間信吉《みねましんきち》は、戦前、早くから小学校教員の地位や待遇改善問題に生涯を捧げた教育運動家として知られるが、明治四四（一九一一）年の南北朝正閏問題に南朝正統の論客として活躍した経歴から分かるように、自他ともに許す熱烈な松陰ファンでもあった。

見えなくなった碑

この碑は、大正四（一九一五）年一一月、水戸城下から来た松陰らが、厳島神社参道にあった旅籠海老屋に宿泊したという土地の言い伝えにちなんで建てられた。広大な神社境内のどこでもなく、わざわざ国道五一号に面した参道入り口脇の狭い場所が選ばれたのは、そうした理由からである。もっとも、現状は、周囲の繁茂した樹木や伸び放題の雑草に覆い隠され、よほど注意して見ないと、碑のあることすら気づかずに通り過ぎてしまう。一〇〇年近い歳月の中で碑面が磨耗し、裏面の文字などほとんど判読不可となっているのはやむを得ないが、そもそもこの碑を解説する案内板がないため、松陰が子生の地とどのような関係にあるのか、一般の参詣者にはさっぱり分からない。

参道入り口の左右に厳島神社の由緒や重要文化財指定の本殿について記した立派な案内板が二つあるが、松陰については一言も触れていない。本殿を写した案内板が碑を塞ぐように立っているため、よけい粗略な扱いぶりが目立つが、古くから安産を祈願する子生弁天として篤い信仰を集めてきた人気の神社だけに、今のままではいかにも勿体ない。周囲の環境を整えるなどして、もっと多くの人びとにこの碑の存在を知らせるべきであろう。

なお、碑の表面には、嘉永五（一八五二）年正月四日、水戸城下を発った松陰一行が那珂川を下り、舟で鹿島灘へ出て大洗海岸を右手に見ながら古奈地、すなわち子生村（現・鉾田市子生）に上陸、ここで一泊した「日記」の文章や翌五日、鹿島神宮への道すがら作った「国を去る桃花の節、復《ま》た聞く黄栗留《こうりつる》（鶯）」（原漢文）で始まる詩などが刻まれている。また「遺馨《いけい》」と題書された碑文の前後に、建碑の年日日や「為御即位大典記念建之」の文字が記されており、大正天皇即位の御大典を記念して建てられたことが分かる。

厳島神社鳥居（鉾田市子生）

吉田松陰先生遺蹤碑（同前）

7　銚子港の全景を見る——銚子市川口町

正月五日は鹿島神宮前の旅宿、六日は潮来《いたこ》の宮本庄一郎家、七日は松岸《まつぎし》の旅宿と泊まりを重ねて来た松陰らは、八日、長塚・本城を経て銚子の町に入った。松岸から舟で利根川を下り、今の銚子大橋の辺りに上陸したのであろう。

利根川河口の地勢を探る

松岸から国道三五六号を銚子大橋の辺りまで来て、銚子漁港へ向かう川沿いの道をひたすら行くと、銚子漁協の第二卸売市場や製氷工場が見えてくるが、川口神社は、製氷工場駐車場の角を左に入った小高い丘の上にある。左右に民家が立ち並ぶ数十メートルの参道を進むと、神社の大鳥居の前に出るが、松陰来遊を記念する碑は、ここから始まる長い石段を登る途中、三の鳥居左側の地にある。

ところで、正月八日の「日記」には、「長塚・本城を経て、海及び刀根川の海に注ぐ処を観る」とあるのみで、川口神社の境内に立ったとはいっていないが、利根川が太平洋に注ぐ河口付近、すなわち銚子港の全景を眼下に収め、異船防衛にいかに対処すべきかを詳しく見ようとすれば、高台に位置する川口神社に勝る地はない。銚子に入った松陰らがまっすぐこの地をめざしたことは、おそらく間違いない。

なお、この碑は、昭和一九（一九四四）年に書家の篠崎信山が土地の有志に呼びかけて建立したもので、「松陰先生曾遊《そうゆう》之地」という碑表は、八一歳の徳富蘇峰が筆を執り、また碑裏の銚子港を詠んだ「巨江汨々《こつこつ》流れて海に入り」（原漢文）で始まる詩は、この地に生まれた実業家浜口儀兵衛の書である。

明神下バス停から西へ数十メートル入ると大鳥居の前に出るが、銚子電鉄で来ると、本銚子駅で下り、北の河口をめざして一・五キロほど行った小高い地である。

川口神社参道（銚子市川口町）

松陰先生曾遊之地（同前）

8 太平洋に臨む宿——北茨城市磯原町

野口家に泊る

正月二〇日、水戸城下に別れを告げた松陰らは、森山、手綱《てづな》の泊まりを経て二二日、磯原の野口源七の家に着いた。後に詩人野口雨情《うじょう》が生まれる野口一族の分家であり、野口家の系譜を詳しく調べた郷土史家の諸根樟一《もろねしょういち》が、家は「天妃山出入路正面に在った」というから、ちょうど現在碑の立つ辺りと考えて間違いない。松陰のいう源七は玄主の誤記らしい。

壮大な記念碑

昭和三四（一九五九）年一〇月二七日、松陰没後一〇〇年を記念して「殉国・吉田松陰先生遊歴之地」の碑が建てられた。題字は時の内閣総理大臣岸信介の筆であり、その右側にこの夜、磯原の旅宿で詠んだ「海楼酒を把《と》って長風に対し」（原漢文）で始まる詩を記し、また左側には、辞世の歌、「身はたとひ武蔵の野辺に朽ちぬとも留め置かまし大和魂」が刻まれている。いずれにも建碑者の詳しい解説、萩の人で松陰先生百年祭奉賛会事務局長田中俊資の文と地元選出の代議士宮田重文の書が付されており、至れり尽くせりの観があるが、惜しいかな数十年の風雨に晒され、今ではよほど注意しないと読めなくなっている。

殉国・吉田松陰先生遊歴之地
（北茨城市磯原町）

なお、碑へのアクセスは、野口雨情生家および資料館、もしくは弟《おと》橘姫《たちばなひめ》神社のある天妃山《てんぴざん》（標高二一メートル）をめざして来ると分かりやすい。水戸方面からだと、国道六号の雨情生家前バス停で下り、北前方の旧磯原の信号を右折し天妃山へ通ずる道を進むとすぐ右手に北茨城市防災コミュニティセンターが現れる。碑はこのセンター前の広場の左端にある。天妃山は目と鼻の先に見えるし、また野口雨情生家や資料館は、国道六号を隔てたちょうど向かい側に位置する。

9　奥州への第一歩——福島県いわき市植田町本町

陸前浜街道を行く

正月二三日、野口家を発った松陰らは、磯原の台場や大津浜を見た後、勿来《なこそ》の関跡を越え、奥州への第一歩を記した。いわき市に属する関田、荒蜂（町）、大島を過ぎ舟橋の架かる鮫川を渡り上田（植田町）に入ったものであるが、白河、念珠関《ねずがせき》と並んで奥州三関の一つと称された往時の関所はすでになく、関所跡から離れた海浜の道をひたすら来た。植田では、駅前にあったという本陣、脇本陣を務める中根一族の営む旅宿に泊まったらしい。諸根樟一が、「当時奥州大名が上り下りに宿した植田の所謂《いわゆる》本陣は中根与左衛門、同与右衛門、同与四郎など凡《およ》そ三軒あった」というから、そのいずれかであろう。ただ、今はすべて失われなく、どこで奥州第一日目の旅装を解いたのか、知るよしもない。

殉国・吉田松陰先生遊歴之地
（福島県いわき市植田町本町）

何度も移された碑

JR常磐線に並行する国道六号を北上して鮫川大橋を渡り、左折してしばらく行くと植田町公民館・勿来図書館や後宿《うしろしゅく》公園が見えてくる。「殉国・吉田松陰先生遊歴之地」の碑は鮫川沿いに広がる公園の一角にある。昭和一九（一九四四）年に地元有志の手で建てられた頃は、その昔、中根一族が軒を並べたというJR植田駅に近い植田小学校の校門前にあった。のち小学校の新築・移転で植田公民館の前に移されたが、現在では再度公民館の敷地を出て、道を隔てて隣接する後宿公園の東端に移された。ただ、公園と称してはいるが、実はだだっぴろい空き地の片隅に大きな碑がぽつんと立っている状景は、周囲に何もないだけに、ほとんど見捨てられた感じがする。戦時下の松陰ブームが跡形もなく消え失せ、誰もこの碑に関心を示さなくなってしまったためであろうか。

かつて裏面には、松陰らの来遊した日の記事、「勿来の故関を越ゆ。故関は山上に在りて、今の道は則ち山下の海浜なり。関田・荒蜂・大島を過ぎ鮫川を渡り上田に宿す」が刻まれていたらしいが、半世紀を越える歳月の中で碑面の風化や汚損が著しく、今ではほとんど何も読めなくなってしまった。見上げるばかりの立派な碑だけに、せめて小さな案内板ぐらいあってもよさそうに思うが、どうだろうか。

10 勢至堂駅——須賀川市長沼

国道二九四号の勢至堂《せいしどう》トンネルより少し手前で左下方へ延びる旧道に入ると、会津街道（白河街道）の宿駅勢至堂である。正月二八日、白河から七里（二八キロ）の道を来た松陰らは、ここで一泊した。今は十数軒の民家が点在するだけの人影もまばらな山村の風景であり、本陣、問屋、旅宿が軒を並べた往時の勢いはない。

雪の山道を行く

翌二九日、朝方降った雪を踏んで勢至堂峠（標高七三二メートル）を越える。湊町の原、赤井を過ぎ、沓掛《くつかけ》や滝沢の坂を越えて会津城下に入ったというから、強清水《こわしみず》神社の辺りから飯森山北西麓の滝沢村へ抜ける旧道を歩いたのであろう。「坂上より城市を下瞰《かかん》すれば一望瞭然、田野も又甚だ闊《ひろ》し」と記しており、滝沢峠（標高四八〇メートル）にしばし足をとどめ、眼下に広がる会津一八万石の城下町を見た。

勢至堂宿駅跡（須賀川市長沼）

勢至堂トンネル（同前）

11 会津藩校・日新館――会津若松市河東町

享和三（一八〇三）年創設の会津藩校日新館《にっしんかん》は、もと鶴ヶ城の西隣、米代《よねだい》二丁目を中心とする一帯にあったが、慶応四（一八六八）年の会津戦争ですべてを焼失した。今も残る天文台跡は、その唯一の遺構である。

復元された日新館

現在われわれが見ることのできる日新館は、昭和六二（一九八七）年に会津若松市の北郊、河東《かわひがし》町に新しく作られたものである。市内からJR磐越線沿いにまっすぐ北上すると河東町であるが、日新館は国道四九号を河東町南高野まで来て、北西へ六〇〇メートルほど入った高塚団地のちょうど北側にある。クルマならば、磐越自動車道磐梯河東ICを下り、西へ三キロばかり進んだ分かりやすい地であるが、鶴ヶ城辺りから来ると、優に七キロ余は離れており、会津市内を訪れる多くの観光客には、いささか遠すぎる感はやはり否めない。

会津士魂の淵源を探る

二月六日、朝から降る雪の中を藩士黒河内伝五郎《くろこうちでんごろう》の案内で日新館に行く。「黒河内吾れら二人をして竊《ひそ》かに日新館を観せしむ」というのは、会津藩が他藩人に学校を一切公開していなかったためである。前夜、会津藩の学制を聞いた松陰らが、どうしても日新館を見たいと言い出し、実現したものであろう。とはいえ、非公然の訪問であるから、教室内の授業の実際を見ることはできず、構内を一巡しながら学舎や教室を慌ただしく見ただけであるが、質疑応答を重ねながらかなり正確な情報を記している。

松陰が来た頃の日新館は、東西約一二〇間（二一六メートル）、南北約六〇間（一〇八メートル）の広大なスペースを有していたが、現・日新館の敷地八〇〇〇坪はこれを受継いだものであり、また、「過化存神」（聖人が通り過ぎ存在するところには、遍く神のごとき徳化が行われる）の扁額を掲げる大門以下、聖堂、大成殿、四塾、習書・神道・和学・礼式の教室なども、当時のそれを忠実に再現したものである。スケールの大きい壮麗な建物群は、どれ一つ見ても江戸時代を代表する藩校日新館の盛況振りを今に伝えてくれる。

鶴ヶ城（会津若松市追手町）

日新館・天文台跡（会津若松市米代一丁目）

復元・会津藩校日新館（会津若松市河東町）
（會津藩校日新館提供）

12　心清水八幡宮の碑——河沼郡会津坂下町塔寺

八幡宮の宝物を見る

日新館から帰った松陰らは、会津城下に別れを告げ、越後街道（若松街道）を高久《たかく》、坂下《ばんげ》を経て塔寺《とうでら》に至る。国道四九号を坂下町の役場を左手に見る辺りまで進み、右へ分岐する狭い道を直進するとすぐ心清水《こころしみず》八幡宮、地元では塔寺八幡宮と呼ばれる神社の前に出る。

八幡宮の祠官戸田兵庫は、日新館教授高津《たかつ》平蔵の甥であり、彼の紹介で訪れたものである。ここで松陰らは、その昔、八幡太郎義家が奉納したという兜の錣《しころ》、横笛、芦名日記、鉄鉢、弓矢などの宝物を見た。境内を入ってすぐの地に、「塔寺に八幡祠あり、多く宝物を蔵す」で始まる「日記」の一節を記した石碑と、大きな解説板がある。

心清水八幡宮参道（河沼郡会津坂下町塔寺）

「東北遊日記」の碑と解説板（同前）

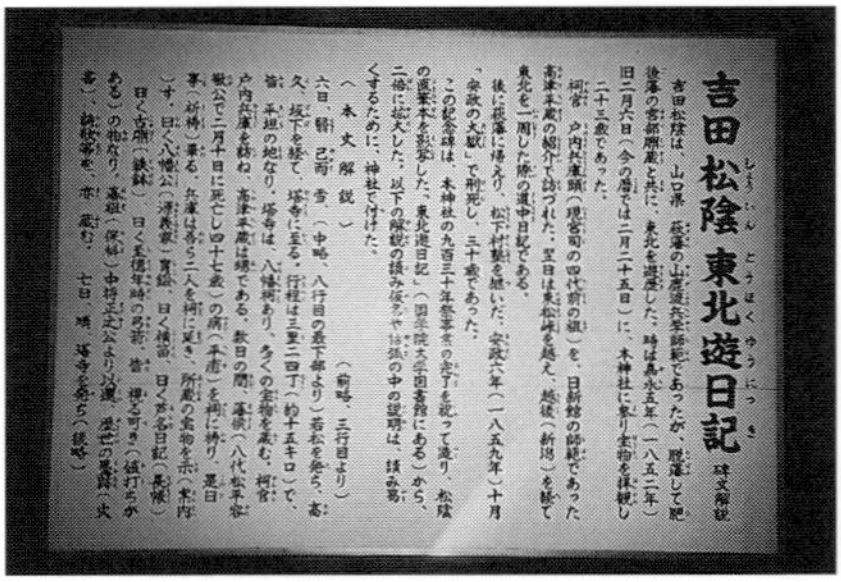

碑文解説板（同前）

13 焼山の宿――新潟県東蒲原郡阿賀町八木山

越後街道を行く

二月七日、塔寺を発った松陰らは、越後街道を舟渡《ふなど》、束松《たばねまつ》、野沢、野尻、白坂、宝川《ほうかわ》、福島と過ぎ、焼山《やきやま》に着いた。この間、車、鳥井、惣座《そうざ》の三つの峠越えがあったが、車峠は今の車トンネルの右手、下野尻（西会津町）から白坂（同前）へ出る道、また鳥井峠は国道四九号の左手、宝川（西会津町）から八ツ田（新潟県東蒲原郡阿賀町）へ抜ける道、さらに惣座峠は、今の福取トンネルの右手、鳥井から八木山《やきやま》の手前に続く道である。なかでも越後街道屈指の難所といわれた鳥井峠（標高二八〇メートル）では、降り積もった深い雪の山道に大いに悩まされた。

旧本陣前の木標

焼山は現・阿賀町八木山であり、国道四九号を左手へ下りた一帯の小さな集落である。杉の巨木に囲まれた旧本陣跡という渡部家の前に、「吉田松陰　宿泊の地　嘉永五年二月七日」と杉板に墨書した記念碑が掛けられているが、ここが松陰らの宿であったかどうかは、実のところはっきりしない。宿場町の焼山には、旅人を泊める宿が幾つもあり、そうした一軒に泊ったことも十分考えられるからである。

吉田松陰宿泊の地・嘉永五年二月七日
（新潟県東蒲原郡阿賀町八木山）

14 雪の諏訪峠を越える——東蒲原郡阿賀町

山頂の詩碑

二月八日、宿を出て間もなく降り始めた雪の中を津川へ出た松陰らは、新潟に近い阿賀野川沿いの道でなく、右方へ迂回し新発田《しばた》へ向かう道を選んだ。今の国道四九号のルートは、川に臨んだ道が険しく積雪の季節には犠牲者が絶えなかったからである。清川辺りから諏訪峠に続く山道へ入ったものであり、行地《ゆくじ》、新谷を経て綱木に出た。行程六里の道である。もっとも、この道の途中には、越後街道最大の難所といわれた諏訪峠（標高四四六メートル）があった。

平成四（一九九二）年、当時の津川町と観光協会の手で、この峠の茶屋跡に「吉田松陰之詩碑」が建てられた。碑文に、「吾れ北越に游ぶまさに雪時、艱《かん》を渉り岨《そ》を跋《ふ》み奇を探らんと欲す。八田・福島・諏訪の嶺、土人雪を称して最も推す所なり。八田・福島は吾れ懼《おそ》れず。雪や深しと雖も地勢夷《たいら》なり。独り難《なや》む諏訪高くして雲を凌ぎ、峻嶺万仞嶔巇《ばんじんきんぎ》を攀《よ》づ。傴僂《うる》して登れば腰折れんし胸喘ぎ膚《はだ》汗し脚また疲る」（原漢文）などとあるのは、前日を上回る厳しい峠越えの苦しさを詠んだものである。

諏訪峠の詩碑（東蒲原郡阿賀町）
（山口冬人氏提供）

15　光照寺——三島郡出雲崎町尼瀬

佐渡行きの船を待つ

二月一五日、出雲崎に着いた松陰らは、悪天候のため佐渡へ渡る便船が得られず、二六日まで一二日間、この地に滞在した。

小さな港町にはとりたてて見るものもなく、無聊《ぶりょう》を慰めるため貸本屋に出入りしたりしたが、ある日、「良寛禅師剃髪之寺」として知られる光照寺を訪ねた。住職に面会して教えを乞うためであるが、「寺僧鈍劣愚魯、目に一《いっ》丁字《ていじ》なく、匆々として起ち去る」というから、ひどく失望して帰った。越後札所第一九番、曹洞宗古刹の僧をさして、一方的な無学文盲《もんもう》呼ばわりはいささか腑に落ちないが、おそらく松陰らの主張する時務論、たとえば外夷への対処、鎖国か開国かといった問いかけに住職が一向に反応せず、禅問答まがいの言葉を繰り返したためであろう。

なお光照寺は、国道三五二号を出雲崎から一キロほど南下した尼瀬《あまぜ》で左手に分岐する旧道に入るとすぐ、急勾配の石段を配した山側斜面にある。

出雲崎港（三島郡出雲崎町）

光照寺（出雲崎町尼瀬）

16　順徳上皇火葬塚前の碑――佐渡市真野町

二月二七日、ようやく小木港に上陸した松陰らは、翌二八日、小比叡《こひえ》、村山、小泊《こどまり》、高崎、背合《せなごう》、渋手《しぶて》を経て真野《まの》に入ったというから、国道三五〇号とほぼ同じルートを来たことが分かる。真野川沿いに進み、順徳上皇の山陵に詣でた。

山陵の荒廃を嘆く

谷の入り口に上皇を祀る真野神社、もと真輪寺《しんりんじ》があるが、ここから緩やかに蛇行する坂道をさらに一キロばかり登ると真野御陵、正しくは順徳上皇火葬塚に着く。今は何百年もの歳月を経た松林が鬱蒼《うっそう》と生い茂り、上皇の墓地にふさわしい厳粛な雰囲気であるが、松陰らが来た頃は、石を積んで垣とした方五〇間（九〇メートル四方）の地に小さな松が申し訳程度に植えられていたにすぎない。「万乗《ばんじょう》の尊きを以て孤島の中に幸したまふ。何すれぞ奸賊乃《すなわ》ち此れを為す」（原漢文）とは、配流の身となり二一年後にこの地で没した薄倖の上皇に思いを致したものである。荒涼とした風景の中にひっそりとたたずむ山陵の現状に悲憤慷慨した宮部鼎蔵は、その扉に奸賊北条義時を罵る「一刀断たざりしや賊人の頭《こうべ》」（原漢文）などの詩を書きつけたというが、松陰もまた、「異端邪説斯《こ》の民を誣《し》ふるは」（原漢文）で始まる詩を作った。

宮部が題したという山陵の扉はむろん消滅してないが、参道を上がってすぐ右側、上皇火葬塚の正面に、「凜烈萬古存」と題した松陰と宮部の詩を刻んだ立派な碑が建てられている。昭和一一（一九三六）年五月、たまたまこの地を訪れた大阪の人日下伊兵衛や浮田高太らが発起し、私財を投じて建てたものであり、碑文は泊園《はくえん》書院の藤沢章次郎（黄坡）が書いた。すぐ傍らに東宮侍従碑や順徳天皇遺愛石道碑などが並んでいる。

順徳上皇火葬塚（佐渡市真野町）

凜烈萬古存の碑
（同前・北見継仁氏提供）

17 佐渡奉行所跡——佐渡市相川広間町一

金山支配の実情を尋ねる

二月二九日、天領佐渡を支配する奉行所を訪ね、広間役蔵田太中から奉行所の仕組みや役人の配置、支配下の佐渡三郡二六一カ村の人情・風土などについて詳しく聞いた。

紙屋町から始まる大佐渡スカイラインを相川郷土博物館や技能伝承展示館などを左手に見ながら進むと市立相川病院の前に出るが、この正面にかつて佐渡奉行所があった。

佐渡奉行所は平成一二（二〇〇〇）年、金山開設四〇〇年記念事業の一環として再建された。当時の規模・内容を忠実に復元したまことに立派な建物であるが、原型になったのは、安政五（一八五八）年に建てられた新しい奉行所であり、したがって松陰らの訪ねた当時のままではない。

復元された佐渡奉行所（佐渡市相川広間町）

18　史跡佐渡金山——佐渡市下相川町

過酷な作業を実見する

二月三〇日、雪混じりの寒風をつき佐渡金山を訪ね、採鉱製金の現場を見学する。五カ所を数えた官営採掘場の一つ、屛風《びょうぶ》と呼ばれた坑内に入ったものである。採掘現場の人夫と同じく、丈の短い粗末な衣に着替え、縄の帯を締め、腰に短刀を差し、頭には紙屑で作った帽子をかぶり、手に名油灯（カンテラ）を提げて進んだというから、生半可な見学ではない。現にこの日、坑内を一四、五町（一五、六〇〇メートル）も歩いたと記しており、地底奥深くまで下りて過酷な労働に従事する坑夫たちの実情をつぶさに見たことが分かる。「強壮にして力ある者と雖も十年に至れば羸弱《るいじゃく》用に適せず、気息奄々《えんえん》或は死に至る、誠に憐むべきなり」とは、一日僅か銭二〇〇文から二五〇文で重労働に耐えたという水替え人足らに対する率直な感想である。

松陰らの入った屛風と呼ばれた採掘場の正確な位置は分からないが、奉行所前から相川銀山町に向かう急坂の道をクルマで数分ほど進むと、立派な門構えの「史跡佐渡金山」前に着く。かつての官営採掘場の一つ、宗太夫坑を修復して一般公開したものである。観光客向けとはいうものの、せいぜい全長数百メートルの坑内のあちこちで再現されている作業の様子は、地底深くの採掘場で松陰らの見たものとは、大いに異なると思われるが、それでも往時の過酷な作業の一端を垣間《かいま》見ることはできる。

史跡佐渡金山（佐渡市下相川町）

19　黒木御所跡――佐渡市金井町泉

配流の上皇を偲ぶ

閏二月二日、相川を発った松陰らは、もと来た道を八幡《やはた》（佐和田町）まで歩き、順徳上皇が二二年間配流《はいる》の生活を過ごした仮宮跡に向かう。金井町泉のいわゆる黒木御所であり、文学公園の別名があるように、今は一帯が公園化され各所に順徳院歌碑や案内板を配しているが、松陰らが訪ねた頃は「老松一樹及び廃池在り」というように、まことに殺風景な廃墟同然の光景であったらしい。

相川から来ると、佐和田町で分岐して両津《りょうつ》に向かう国道三五〇号をしばらく進み、道沿いにある隅田歯科の角を左折し、さらに八〇〇メートルばかり歩くと右前方に見えてくる。斜め手前に日蓮宗の本光寺や金井歴史民俗資料館などがある。

黒木御所跡（佐渡市金井町泉）

黒木御所跡の碑（同前）

20 酒田来遊の碑——山形県酒田市日和山公園

吉田松陰来遊の碑（山形県酒田市日和山公園）
（相馬孝人氏提供）

奥州屈指の港町に入る

昭和五九（一九八四）年、酒田市の市制五〇周年を記念する日和山《ひよりやま》公園整備事業の一環として、「吉田松陰来遊の碑」が完成した。すでにあった松尾芭蕉の句碑などとともに、総計二九基を数える文学碑の一つであり、総延長一二〇〇メートルに及ぶ「文学の散歩道」二〇番目の碑として、正岡子規や斎藤茂吉の碑に挟まれながら立っている。なお、詩歌を刻んだ多くの文学碑と異なり、松陰のそれは、閏二月二二日の「日記」の酒田に触れた部分、「海浜に出で平砂の中を行き、最上《もがみ》川に至る。中間に浜中駅有り。舟にて川を済《わた》る。潤《ひろ》さ六町余。川を越ゆれば則ち酒田なり。戸数五千、或は云ふ、今は増して七千に至ると。川には大船を泊すべく、新潟以北にて最も繁盛の地なり。海を離れていくに、峻領雪を含み卓然として前に当るものを鳥海山《ちょうかいざん》と為す。又川を済ること二次」を刻んだものである。

国道一一二号を最上川まで来て出羽大橋を渡り、県道四二号と交差する本町で左折して西進すると、日和山公園である。背後に山王の森、眼下に最上川や酒田港を望む絶景は、「日本の都市公園百選」の名を冠するにふさわしいが、なかんずく「文学の散歩道」でお目にかかる沢山の文人墨客の碑は、傍らに立つ丁寧な解説板とともに、訪れる人びとにさまざまな感興を呼び起こしてくれる。

21　有耶無耶関・三崎峠――飽海郡遊佐町

海沿いの山道を歩く

閏二月二三日、吹浦《ふくら》を発った松陰らは、女鹿《めじか》（遊佐町）を経て武也武也関に至る。正しくは山形と秋田の県境に位置する有耶無耶《うやむや》関である。今は両県の史跡となっている三崎山（標高七〇メートル）の旧街道であり、石ころだらけのアップダウンの激しい山道は、歩きにくいことはなはだしく、峠越えをする松陰らを苦しめた。

奥の細道・三崎峠（飽海郡遊佐町）

三崎峠の道（同前）

庄内砂丘に臨む道の駅鳥海から国道七号を五、六キロほど北上すると、左手に三崎公園が現われる。直径数十センチの大きな石を敷き詰めた幅一メートル余の山道が海へ張り出すように延々と続いているが、公園入り口に立つ案内図が示すように、江戸時代ではこの道が唯一の幹線道路であり、往来の旅人たちは、海から吹きつける強風にあおられながら歩いた。「奥の細道　三崎峠」の碑は、松陰らの来る一六〇余年もの昔、俳人芭蕉がここを通ったことを示すものであり、また「秋田県　三崎山旧街道の碑」は、ここが山形との境界地であることを、改めて教えてくれる。

22　模築松下村塾——秋田県大館市北神明町六

閏二月二八日、小綱木《こつなぎ》（二ツ井町）を発った松陰は、坊沢《ぼうざわ》、綴子《つづれこ》を経て大館の城下に入る。佐竹藩の重臣佐竹大炊頭《おおいのかみ》の支配地であるが、「戸数三千余、皆極めて矮陋《わいろう》なり」というのみで、この地の人びととかくべつの接触はなく、そのまま羽州街道を先へ進んだ。

東北随一の松陰ファン

ところで、大館市には模築松下村塾がある。昭和五九（一九八四）年、大館出身の実業家で熱烈な松陰ファンの竹原吉右衛門の財政的援助で財団法人大館鳳鳴高校振興会が建てたものであり、JR東大館駅に近い北神明町の竹村記念公園内にある。萩の村塾を忠実に再現し、傍らに永訣の歌を刻んだ碑を設置したのもそっくりであるが、松陰の誕生日の八月四日に起工し、一〇月二八日、刑死の翌日に竣工式を行うという徹底ぶりは、早くからこの事業に精魂を傾けてきた竹原の松陰先生への思い入れの深さを示すものであろう。

「青年時代人間形成の上で最も強い刺激を受けたのは吉田松陰であった」という竹原は、松陰先生に学びながら、世の中の役に立つ人材を一人でも多く育てることをめざし、それゆえ松下村塾は、高校の課外活動に資する教育施設としてだけでなく、同時にまた、「地域社会の教育文化の発展に寄与する」ことをめざし、広く市民一般に公開されている。全国各地にある六つの模築松下村塾のうち、五番目に登場したものである。

模築松下村塾
（秋田県大館市北神明町・竹村記念公園）

23　白沢の駅に泊まる——大館市白沢

吉田松陰先生遊歴記念碑

閏二月二八日、長木《ながき》川を渡り、JR大館駅の右側を北上する羽州街道、国道七号を釈迦内《しゃかない》から白沢に進んだ松陰は、この地の庄屋山内儀兵衛の家に泊まった。

後年、明治天皇行在所《あんざいしょ》として使われたという豪壮な屋敷はすでに消滅してないが、往時の繁栄をしのばせる立派な庭園が一部残されており、その中ほど泉水の側に、昭和一〇（一九三五）年に建てられた記念碑がある。下内《しもない》川に並行する国道七号を白沢の集落まで来て中の渡橋を渡り、さらに西へ数十メートル進んだ場所である。

吉田松陰遊歴記念碑（大館市白沢）

山内儀兵衛旧宅跡（同前）

24　吉田松陰の漢詩——矢立峠

矢立峠への難路

閏二月二九日、長波志里《ながはしり》（大館市長走）の関を出て、四十八川（下内川）を渡った松陰らは、矢《や》立《たて》峠（標高二五七メートル）をめざした。杉の巨木が鬱蒼と生い茂る山道は、ようやく春の季節を迎えたとはいえ、まだ二尺余（七〇センチ）の積雪が残り、歩くのに難儀した。

矢立峠を越える旧羽州街道は、狭く険しいアップダウン続きの山道であり、古くから交通の難所として知られた。この地を領する佐竹藩が、隣接する津軽や南部藩と必ずしも友好的な関係になく、それぞれの国へ通ずる道の整備や修復に不熱心であったためらしい。現に松陰が、「道路の荒廃かくの如し。隣と交はるの道果して何如《いかん》ぞや」というから、国境の峠にかかる辺りは、とりわけひどく荒れ果てた道であったようだ。

白沢方面から国道七号を来ると、四十八川に架かる橋の手前で分岐する道を矢立温泉赤湯の方角に入り、さらに一〇〇メートルばかり進むと、左手に「歴史の道案内板」が現れる。西方へ延びる狭い道が昔の羽州街道であり、五、六〇〇メートルほど先へ進むと、「伊能忠敬測量隊記念標」と「遊歩道案内板」の立つ場所に出る。ここからさらに一三〇メートルばかり進んだ分岐点に、「吉田松陰の漢詩」と題する木製の碑が建てられている。すぐ近くの眺望のよい場所にテーブルと台石があるが、以前ここには小さなあずまやがあった。その後、破損がひどくなり撤去されたらしいが、よく見ると漢詩を記した碑の背面がやはり剝がれたまま足元に転がっており、あまり眺めのよいものではない。せっかく荒れ果てた山道を整備して遊歩道に作りなおし詩碑まで建てたのだから、もう少し丁寧な保存をしてほしいと思うのは、私だけではなかろう。

相馬大作の義挙を想う

「両山屹立《きつりつ》して屏風の如く」（原漢文）で始まる松陰の詩は、脱藩、浪人となって南部藩主の恥辱を雪《そそ》ごうとした相馬大作、実は下斗米秀之進《しもとまいひでのしん》の津軽藩主襲撃事件を想い起こしながら詠んだものである。なお、相馬が津軽藩主を狙って潜んだとされる場所は、ここから「伊能忠敬測量隊記念標」まで戻り、さらに遊歩道を四〇〇メートルほど戻ったところにある。あずまやがあり、その前に、「相馬大作史跡」の大きな案内板が建てられている。江戸で藤田東湖《ふじたとうこ》の「下斗米将真伝」を読んでいた松陰は、麓の白沢の庄屋山内儀兵衛や土地の人びとからこの件に関するさまざまな情報を得てますます義挙に感銘を深めていたが、襲撃を企てた場所がどこかをふくめ、計画そのものの中身については昔から異説が多い。この地を訪れた歴史マニアの仕業らしいが、説明文の傍らにわざわざマジックで、「講談など粉飾で矢立峠の話となった」と落書きしているのは、真偽いずれにせよ、余計なお節介であろう。ここから二〇〇メートル下ると、道の駅・矢立ハイツの少し手前から始まる遊歩道入口であり、「矢立峠遊歩道案内図」が建てられている。

観光客用に作られた遊歩道は、要所要所にコンクリート製の丸太を埋め込んだものであり、比較的歩きやすくなっているが、それでも左右に迫る熊笹を掻き分けながらひたすら頂上をめざす険しい山道であり、春まだ早い時期、膝まで没する積雪の中をどうやって峠越えをしたのか、その辛苦のほどは今のわれわれにはとうてい想像もできない。

矢立峠への道（秋田県大館市）

吉田松陰の漢詩（同前）

25　伊東家松陰室――青森県弘前市元長町一九

三月一日、松陰は、津軽藩儒伊東広之進（梅軒）を弘前城に近い元長《もとなが》町の家に訪ねた。津軽半島一帯の海防や藩校稽古館の学制について聞くためである。翌二日にも再訪し、居合せた藩士鈴木善二郎らを交え盛んに議論を闘わしたが、その伊東家の一室が、今も元長町の養生幼稚園内に松陰室として保存されている。

北の守りを論ずる

幼稚園と同居する記念室

明治三九（一九〇六）年、隣家に住む医師伊東重が、広之進の旧宅を購入して私立養生幼稚園を開設したさい、かつて松陰らが国事を談じた一室を記念として残すため改めて松陰室と名づけたものであり、建物を保存するだけでなく、松陰の遺徳をしのび事績を広く伝える青少年教育の場としても使用された。

昭和五三（一九七八）年、弘前市の史跡に指定されたさい、旧宅そのものは伊東家から市へ譲り渡された。江戸時代から続く古い建物の破損が著しく維持が難しいため、弘前城北の若党《わかどう》町へ移築して全面的な復元工事を行い、五五年暮れから一般公開されている。

養生幼稚園に残る松陰室に入ると、正面

伊東家松陰室（青森県弘前市元長町）

養生幼稚園（同前）

の壁に掛かる松陰肖像の傍らに、「半日高堂話」と松門の山県有朋が大書した扁額が掛けられているが、これは伊東邸を辞去するさい、松陰が広之進に贈った「男児北夷の陲《ほとり》を略《と》らんと欲すれども」(原漢文)で始まる詩の一節を引いたものであり、左隅にわざわざ、「松陰先生詩中の語をとりて松陰先生記念会のために題す　大正六年七月門下生有朋」と注記してある。

26 赤堀の渡舟場跡——五所川原市下田川

三月三日、藤崎を発ち、板柳《いたやなぎ》、鶴田を経て五所川原《ごしょがわら》に入った松陰は、里人に聞いた道を間違え、赤堀から舟に乗り岩木川を対岸の芦屋へ渡った。

渡し場跡の碑

新津軽大橋からさほど遠くない下田川バス停の前がその渡舟場跡であり、昭和一五（一九四〇）年一二月、皇紀二千六百年を記念して「吉田松陰先生渡舟記念碑」が、旧中川村田川地区有志の手で建てられた。初め県道沿いにあったが、近年、交通の妨げになるという理由で、数メートル手前の角地に移された。そのさい生じた被害なのか、裏面の一部が剝落したまま、つまり上部欠損の状態になっているのは、いささかお粗末の感があるが、運よく建碑の理由等を記した碑文そのものは辛うじて読むことができる。

吉田松陰先生渡舟記念碑
（五所川原市下田川）

渡舟場跡（同前）

27 神原の渡し跡——五所川原市金木町神原

新しくなった碑

岩木川に沿うように北上した松陰は、途中で道を間違えたことに気づき、もう一度川を渡って神原《かんばら》に出た。神原の渡しとして知られた場所であり、跡地を示す碑は、西岸の繁田から東岸の神原に架かる神田橋を渡ってすぐ、蒔田《まきた》の集落へ向かって延びる道の傍らにある。北面に、「史跡　神原之渡し」、東面には、「史跡　十三館岡街道　吉田松陰ゆかり之地」とあり、西面に八幡宮司十三代笹木千影の和歌、南面には建立者・賛助者・筆者の氏名が刻まれている。三メートル近い大きな角柱であるが、平成元（一九八九）年の神田橋架け替えのさい、碑もまた新しく作られたため、江戸時代の旅人の往来をしのばせる鄙びた雰囲気はみられない。

史跡・十三館岡街道・吉田松陰ゆかり之地
（五所川原市金木町神原）

新津軽大橋から来ると、三好橋を右手に見ながらいったん岩木川から離れた集落の中を進み、神田橋付近で再び川岸に出る。クルマで走っても優に二〇分ほど要する遠距離の上に、一面に広がる田園地帯であり、道に迷った松陰らが、尋ねる人もなかなか見つからず途方に暮れながら歩いた様子がうかがわれる。

28 御昼食の碑——五所川原市金木町蒔田

神原の渡しの碑から左へ延びる小さな道を行くと、蒔田《まきた》の集落に入る。御昼食の碑は、八幡宮の少し手前、もと蒔田尋常小学校があった場所にある。集落の一角に突然ブロック塀に囲まれ

松陰ファンの作った木標

た空き地、実はかなり広い畑地が現われるため、ここがかつて小学校の跡地であったことはすぐに分かるが、御昼食の木標は、正門跡とおぼしき入り口の松の木の傍らにある。昭和二五（一九五〇）年、蒔田小学校の教員有志がこれを建てたときは、「吉田松陰先生昼食の場所」と墨書されていたというが、数十年の風雪にさらされ、すべて消えてしまった。案内板もなく、今はただの一本の古めかしい木切れでしかない。『金木《かなぎ》郷土史』が御昼食の場所として強調するわりには、一向に碑の復元や保存に熱心でないのはもう一つ分かりにくいが、松陰がここで昼食を摂ったという確たる証拠がないため、そのまま放置されているのかもしれない。

吉田松陰昼食の場所
（五所川原市金木町蒔田）

六〇年前、御昼食の碑を建てた人びとは、金木を経て中里方面に向かう松陰は、蒔田村の紺屋田中長十郎の家でしばらく休息し、昼食を摂ったというが、松陰側の記録に、そのことを裏書する史料は何もない。おそらく松陰を迎えた土地の古老の言い伝えを根拠にしたものであろうが、文献史料が皆無であるだけに、いささか説得力に欠けるのはやむを得ない。ただ、このままでは御昼食の碑は、早晩無くなってしまう。この地に残る松陰に関する伝承、あるいは人びとの松陰への憧れにも似た熱い想いを映した記念碑として、やはり大切にして欲しいものである。

29　十三湖畔の碑――北津軽郡中泊町今泉

三代目の記念碑

小泊《こどまり》道、国道三三九号が十三湖《じゅうさんこ》に出会ってすぐの湖畔に、昭和六（一九三一）年、徳富蘇峰が筆を揮った巨大な石碑、「吉田松陰遊賞之碑」が見えてくる。遥か遠く岩木山を映した十三湖の絶景を、「真に好風景なり」と記した松陰の旅日記にちなんで建てられたものである。初め中里町今泉、通称七平《ななひら》から相内《あいうち》の山道にかかる地に建てられていたが、道路の拡幅工事中に倒壊したため、昭和三九（一九六四）年に建て替えられた。中里出身の書家下山正夫が題字を新しく書き、必ずしも原型どおりではなかったが、これもまた破損が激しくなったため、平成四（一九九二）年に初代の碑を忠実に復元して十三湖畔の現在地に建てたものである。役目を終えた二代目遊賞の碑は、今ある三代目の碑の下に埋められている。

吉田松陰遊賞之碑
（北津軽郡中泊町今泉）

墓地に移された初代の碑

ところで、初代遊賞の碑は、市浦村相内（現・五所川原市相内）の蓮華庵《れんげあん》墓地で今も見ることができる。神明宮《じんめいぐう》の前から始まるバイパスでなく狭い旧道を村内に入り、森林事務所前の右手へ延びる坂道を登った場所である。十三湖畔に新しく作られた碑は、黒御影石がきらきらしすぎていささか風情に乏しいが、小さな丘の上にひっそりとたたずむ初代の碑は、数十年来の風雪に耐えた趣があり、静寂そのものの辺りの風景と見事にマッチしている。

初代遊賞の碑
（五所川原市相内・蓮華庵墓地）

30 小泊の宿——中泊町小泊

松前への便船を探す

三月四日、海浜の道を脇本（五所川原市脇元）を過ぎ、板割山《いたわりやま》の麓伝いに小泊《こどまり》村に入った松陰らは、ここで一泊した。戸数三百、日本海航路の花形、北前船の中継地として栄えた港町であり、松前行きの船を探したが、時期的に早かったせいか一隻も見つけることができなかった。「五日、晴。戸を推して望むに、松前の連山、咫尺《しせき》の間に在り」、朝、窓を開けて外をみると、松前の山々がはっきりと見えたと書いており、海に面した眺望のよい宿に泊まったことが分かる。土地の言い伝えでは、村の長《おさ》庄屋を務めていた大阪屋太田半次郎の家に泊まったらしい。現・小泊九五番地（浜町）、かつて遠見番所が置かれていた稲荷山の麓、小泊漁港の一角である。

稲葉山から大阪屋跡を望む（中泊町小泊）

大筒台場跡（中泊町小泊七ツ石崎）

北の備えを見る

宿を出た松陰らは、海浜伝いの道を七ツ石崎に向かった。夷船に備える大筒の台場を見ようとしたものであるが、大砲二基とも板囲いで覆われていたため、砲長・口径などの詳細を知ることができなかった。三角山の西端、小泊港を眼下に見る山腹であり、台場の周囲にあった火薬庫や狼煙台《のろしだい》などを見ながら海岸線を廻り折腰内《おりこしない》浜へ出た。国道三三九号沿いのキャンプ場や「道の駅こどまり」がある辺りである。

31 みちのく松陰道碑――中泊町小泊傾り石

算用師峠への道

海浜の道を二里（八キロ）余歩いた松陰らは、傾《かたが》り石川沿いの道へ入り、山越えで三厩《みんまや》へ抜けようとした。国道三三九号・竜泊ラインを長浜橋まで来ると、傾り石川の左側に、「右　みちのく松陰道」の碑が建てられている。ここから二・二キロ、林道分岐点の広場まで険しい坂道が続く。途中に壊れたミラーがあるから、当初はクルマを通すつもりで作られたものらしいが、小型車一台分あるかないかの狭い道幅を遮るように雑草が繁茂し、しかも至る所に崩れた大きな石ころが散乱しており、少なくとも今はクルマの行くような道ではない。「みちのく松陰道案内板」のある分岐点登り口から越図川沿いの道を二・二キロ歩くと、ようやく算用師峠《さんようしとうげ》（標高三七二メートル）の頂上に出る。ここから三厩側の登山口、御神酒沢《おみきさわ》橋へ向かって下りる。山頂から二キロの山道であるが、算用師橋袂の木標がある入り口までさらに三・九キロ歩くから、全長計一〇・三キロ、山歩きに慣れた人でも優に三、四時間は要する行程である。

右・みちのく松陰道
（中泊町小泊傾り石）

算用師峠越えは江戸時代には小泊から三厩へ抜ける唯一のルートであったが、津軽藩が長らく他国人の通行を禁じていたため、道らしい道でなく、けもの道同然の難路のままであったらしい。おまけに松陰らが来た三月五日には、頂上付近にはまだ一メートル近い雪が残っていた。この雪を掻き分け、雪解け水で溢れる谷川で何度も身体を濡らしながら、ようやく三厩村に辿りついたというから、もう少し時間がかかったかもしれない。

32 津軽半島北端の詩碑——東津軽郡外ヶ浜町竜飛崎

山上から松前を望む

竜泊ラインの終点、「食堂たっぴ」のある大きな駐車場から遊歩道をレストハウスの方角へ上がると、すぐ側に吉田松陰の詩碑がある。津軽半島突端の地であり、戦前ここに軍の砲台があった。つまりもっとも見晴らしのよい場所であり、昭和四一（一九六六）年、青森県吉田松陰先生詩碑建設同志会がその跡地に碑を建てた。題字や碑文は会長の政治家、当時の参議院議員佐藤尚武《さとうなおたけ》の筆である。

突き上げた拳の上に燃えさかる炎を配した斬新なデザインは、製作者の言葉を借りれば、炎と水、この二つの相反する要素を同一面に造形しようとしたものである。炎は松陰をイメージし、水は行く手を遮る茫々たる海、実は世間の荒波、さまざまな難問を含意するもののようである。完成直後の写真を見ると、ブロンズ製の詩碑はモダーンな造形に色彩も鮮やかでなかなか美しいが、四〇年以上の風雪にさらされた今となっては、かえって緑青《ろくしょう》の汚ればかり目立っていささか見苦しい。周囲に沢山ある自然石の文学碑の方が、何となく品がよく風情があるように思うのは、私だけであろうか。

吉田松陰先生詩碑
（青森県東津軽郡外ヶ浜町竜飛崎）

「去年の今日巴城《はじょう》を発し」（原漢文）で始まる碑文は、読み下し文で分かりやすい。ただ、右横の説明文が、「小泊より残雪を踏みて竜飛の南方算用師峠に到り憂国の至情を詩に託す　嗚呼《ああ》」というように、実はこの詩はここから八キロ南へ離れた算用師峠越えのときに作られたものであり、竜飛崎《たっぴざき》とは関係がない。つまり松陰らは竜飛崎には一度も足を踏み入れたことがなく、その意味ではこの詩碑はいささかこじつけの感がないではない。

33　みちのく松陰道入口・みちのく松陰道碑——外ヶ浜町三厩

三厩村に下る

竜飛方面から国道三三九号を南へ一五キロばかり来ると、算用師橋の前に出る。橋の右袂に「みちのく松陰道入口」と記した大きな木標がある。小泊をめざす三厩側からの入り口であるが、川沿いの道を四キロほど行くと、倉沢へ続く林道と算用師峠に向かう林道の分岐点に出る。この角に、「みちのく松陰道」の石碑が建てられている。御神酒沢橋の登山口である。

三厩の集落は、この地点まで続いているせいか、道幅は広く大型バスも十分通行可能であり、石碑の立つ分岐点は、観光客を集めるには格好の場所となっている。平泉を逃れた源義経主従が蝦夷地へ渡る前、馬を繋いだ伝説の残る地である。

みちのく松陰道入口
（外ヶ浜町三厩）

みちのく松陰道（同前）

34　松陰くぐり——東津軽郡今別町与茂内地区

波に洗われた松前街道

国道三三九号は、もと三厩村役場、現・外ヶ浜町三厩支所辺りから国道二八〇号になるが、この道を今別町与茂内《よもない》地区まで来ると、土地の人に松陰くぐりと呼ばれる場所がある。潮の満ち干《ひ》で見え隠れする岩穴のトンネルであり、山すそを縫うように走る国道を下りた海浜の突端にある。

昔は松前街道を歩く旅人たちが必ず通過するルートであり、海浜伝いに来た松陰らも、潮の引くのを待って通過したことは間違いないが、頭上に国道の整備された今では、奇岩怪岩の作った単なる名勝の一つにすぎず、ここを通る人はいない。

松陰くぐり
（青森県東津軽郡今別町与茂内地区）

35 鋳釜崎から津軽海峡を望む——今別町大泊鋳釜

海沿いに続く国道二八〇号を与茂内地区から数百メートル進むと広々としたキャンプ場があるが、このすぐ先が鋳釜崎《いかまざき》であり、津軽海峡に臨む絶好の場所である。

岬に立つ来遊の碑

ここに、「小泊・三厩の間、海面に斗出するものを龍飛崎と為す」で始まる「日記」の一節を刻んだ碑がある。昭和六三（一九八八）年、青森県歴史の道整備促進協議会が建てたものである。「松前の白神鼻《しらかみばな》と相距ること三里のみ。而れども夷舶憧々《どうどう》として其の間を往来す。これを榻側《とうそく》に他人の酣睡《かんすい》を容《ゆる》すものに比《くら》ぶとも更に甚だしと為す。苟《いやしく》も士気ある者は誰れか之れが為めに切歯《せっし》せざらんや。独り怪しむ、当路者漠然として省みざるを」と続けており、小泊、三厩と来た松陰が、ここ鋳釜崎の突端に立って、竜飛崎から松前の白神鼻まで僅か三里（一二キロ）の狭い海峡を異船がしばしば往来するにもかかわらず、当路者が無為無策のまま徒に日を過ごしていると慨嘆しながら、急いで筆を執った様子がうかがわれる。

東北遊日記の碑（今別町大泊鋳釜）

36 平舘台場跡――外ヶ浜町平舘

松前街道の備えを見る

鋳釜崎から国道二八〇号を一二キロばかり来ると、平舘《たいらだて》である。台場跡は、平舘灯台の南側数十メートルに及ぶ一帯であり、海岸線に沿って築かれた高さ二メートル余の土塁や台座を挟むように植えられた松の巨木に往時をしのぶことができる。弘化四（一八四七）年三月、異船一隻が平舘沖に停泊、数名が上陸して食糧や水を得て去り、また嘉永元（一八四八）年三月には、袰月《ほろづき》沖に異船五隻が現れ、数十人が上陸して食糧を要求するなどの事件が相次いで起こったため、急遽造られたものである。砲七門を備える大掛かりな台場であったが、平時には架砲はなく、松陰らが見たのは台座のみである。転々と続く土塁はその跡地である。

平舘台場跡（外ヶ浜町平舘）

松前街道石碑の傍らに「平舘台場の由来」の案内板があり、松陰らの来たことを記した一節があるが、周囲を検分した松陰は、「ここは南部の九艘泊《くそうどまり》と海を隔てて相対し、間僅かに三里のみ、而して内に更に大海湾を有す。此れ尤も其の要扼の処なり。台位已に其の所を得、而して台の制《つくり》も亦頗る佳し」と記しており、攻防両面にきわめて効果的な台場の位置や構造に大いに感心している。

灯台近くの食堂「お台場」には、松陰広場というネーミングの一室があるが、遠く萩の松陰神社境内にある松陰食堂やそのメニュー、松陰うどんや松陰団子と同じタイプであり、この地を訪れた有名人の松陰先生にあやかったものである。

37 青森県歴史街道の図碑——青森市安方

青森へ舟行する

台場から二矢村《ふたつや》（現・平舘町二ツ谷）まで、四里半（一〇キロ）を歩いた松陰らは、魚を運ぶ舟に便乗し、青森をめざした。夕方舟出し、遥かに神田嶽、おそらく八甲田山を望み、右に蟹田、大浜の海岸を見ながら、海上八里（三二キロ）を進んだ。早朝に着いたが、人家はまだどこも起きず、しばらく海浜の船問屋で眠った。青森港台場があったという青い海公園内の観光物産館アスパムの近くらしい。

上陸記念碑

松陰らが上陸したのは、今の青森港中央埠頭辺りであるが、歴史街道の図碑は、青い海公園内にある。平舘方面から続く国道二八〇号をフェリー大橋の辺りで左折して海岸沿いの道に入り、青森ベイブリッジを渡るとすぐ左手に現れる。

「この碑は、封建鎖国の時代にありながら、時代を越えて世界の動向に目覚め統一国家日本を念願し、北の果て青森県まで足を運んだ、吉田松陰の足跡を軸に、津軽南部の史跡文化財等を図示したものである」と説明されるように、矢立峠に始まる青森県の旅を、松陰の踏査の道筋を辿りながら図示したもので、行く先々にある記念碑の所在を分かりやすく教えてくれる。総工費三一〇万円を要したという巨大な碑であり、厳寒の季節、北の大地に挑んだ松陰の壮挙を映すのにふさわしい圧倒的な迫力がある。平成二（一九九〇）年五月、青森県歴史の道整備促進協議会の手で建てられた。

青森県歴史街道の図碑（青森市安方）

38 駕籠立場の碑——三戸郡三戸町目時蓑ヶ坂

蓑ヶ坂で休息する

三月九日、五戸《ごのへ》を発った松陰は、浅水《あさみず》駅（五戸町）を過ぎ、古町（南部町）で八戸《はちのへ》へ行く道と別れ三戸《さんのへ》をめざしたというから、旧奥州街道を馬淵川沿いに馬場、冷水、久慈と来たことが分かる。三戸古城と呼ばれた城跡、今の城山公園を見た後、蓑《みの》ヶ坂をめざした。別名駕籠立場《かごたてば》ともいう、「歴史の道百選」に選ばれた名勝の地である。国道四号を右折して二戸《にのへ》市金田一字釜沢へ至る山道であり、蛇行する馬淵川を眼下に見ながら続く急坂続きの道は、東北一の難所といわれるほど、古くから往来の旅人を悩ませた。

駕籠立場は、その名のとおり険しい山道に汗を流した旅人が駕籠を下りて一息入れる場所であり、すぐ近くに、「明治天皇駐蹕《ちゅうひつ》の地」の碑が二基ある。明治九（一八七六）年と一四年、東北巡幸中の天皇一行が、この地でしばし休息したことを記念したものであり、急坂に立ち往生した二頭立ての馬車を地元の若者たちが総出で担ぎ上げたというエピソードの残る場所である。

「浅水坂を越えて浅水駅に出で、始めて麦芽の寸許《ばかり》なるを見る」で始まる「東北遊日記」は、五戸から三戸、蓑ヶ坂を過ぎ、金田一、福岡、末の松山を越えて一戸《いちのへ》に至る行程の景況を記したもので、三戸については、「戸数は五戸に比して更に多し。士人云はく、地着の士百名、同心四十名と。駅傍に古城址あり。二百年前、盛岡侯ここに都せしと云ふ」などと、その盛んなことを伝えている。

東北遊日記（三戸郡三戸町目時蓑ヶ坂）
（山口航生氏提供）

碑文の最後に、「南部発祥八百年を記念して」とあるように、文治五（一一八九）年、源頼朝の奥州征伐に従い、軍功により糠部《ぬかのぶ》を領した南部氏発祥の歴史に因んで建てられた碑であるが、南部町や三戸城跡でなく、わざわざこの地が選ばれたのは、街道を行く松陰らもまた、ここで流れる汗を拭き、眼下に広がる雄大な風景を愛でながらしばし旅の疲れを癒したに違いないからである。平成元（一九八九）年五月、駕籠立場整備事業の一環として完成した。

39　盛岡城下に入る――岩手県盛岡市

石町の宿

三月一一日、白河で別れた江帾五郎（安芸五蔵）のふるさと南部藩二〇万石の城下町盛岡に入った松陰らは、石町《こくまち》の旅宿に草鞋を脱いだ。町名から見て穀町、今の清水町から南大通二丁目辺りと思われる。JR盛岡駅から東南へ一キロ余の地である。翌一二日には、江帾の年老いた母や亡兄春庵の妻と二人の遺児らが身を寄せる家を訪ねた。春庵の死後、市中を追われて城外山陰村の農家に身を寄せていたものである。山陰村という地名は消滅してないが、『日本歴史地名大系』第三巻に、かつて「盛岡八幡宮背後の八幡山東麓の地は山陰と称された」とあるから、今の茶畑一丁目辺りであることが分かる。JR盛岡駅から東南へ二キロばかり離れた国道四号沿いの地であり、一泊した松陰のいう石町、実は穀町からもさほど遠くない。

非命の春庵を悼む

五郎の家族と別れた後、松陰らは春庵が埋葬されていた長町香殿寺に詣でる。ここでいう香殿寺は、盛岡駅の北へ七、八〇〇メートルの長田町にあったと伝えられる大慈寺の末寺・天福院のことらしく、藩内の政争に敗れ投獄され、怒りのあまり毒を仰いで死んだという春庵をその墓地の一角に板塀を巡らし、永牢のかたちで埋めていたものである。なお、天福院は廃寺となり現存しない。同行の宮部は墓前に和歌二首を呈し、また松陰は、「人衆《おお》ければ天に勝つも亦何ぞ久しからん、請ふ他年天定まるの時を俟《ま》て」「男児国に報いば一死も足る、黄泉《よみ》の下君瞑目せよ」（原漢文）などの詩を作った。悲憤慷慨のあまり眼前の板塀に墨黒々と書き付けたという説もあるが、天福院が早くに消滅したため、確かなことは分からない。

40 厨川の柵跡——盛岡市天昌寺町

安倍一族の栄華の跡

江幡春庵の墓に詣でた後、「夕貌瀬《ゆうがおのせ》の橋を渡り厨川《くりやかわ》の城址を観る」と記したように、JR盛岡駅の北東へ一・五キロほど離れた天昌寺町に残る厨川の城址を訪ねた。駅を起点にすると、いったん駅前北通へ出て夕顔瀬橋のもう一つ向うの館坂橋の袂まで進み、左折して国道四六号へ入るのがもっとも分かりやすい。東北本線を越えると間もなく、曹洞宗の古刹、天昌寺が左手に見えてくる。境内に聳える杉の老木がかっこうの目印となる。

厨川の柵は、一一世紀後半、前九年の役で源頼義と戦った安倍貞任《さだとお》・宗任《むねとお》兄弟らの最後の砦であり、「溝塹《こうざん》今尚ほ認むべし」というのは、天昌寺西側に残された、堀跡に擬せられる水路を見たことを示すものである。西側の塀に沿い、道路を隔て南北に走る身の丈ほどの深い水路が、その昔、厨川柵の西を限る堀跡であったとされる。大部分をコンクリート・ブロックで固めているのは、水害対策のためらしいが、史跡保存という面からいえば、いささか無神経のそしりは免れがたい。なお、天昌寺前には柵跡を示す石碑がある。

天昌寺（盛岡市天昌寺町）

厨川柵の跡（同前）

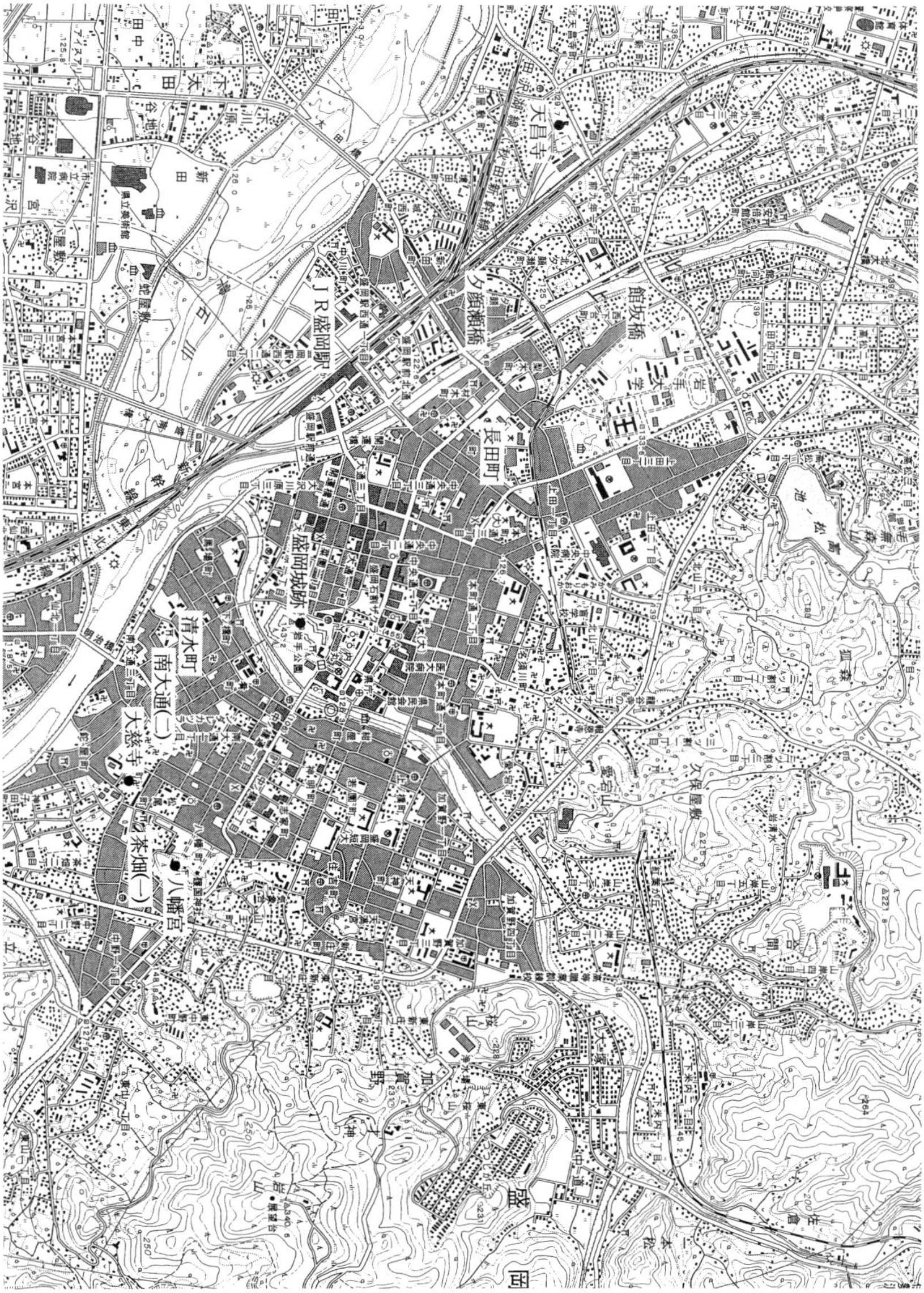

盛岡市内図

41 中尊寺——西磐井郡平泉町

奥州文化の粋を見る

三月一四日、二所《にしょ》の関を経て仙台領に入った松陰らは、舟で胆沢《いさわ》川を渡り、水沢、前沢を経て平泉に入り、奥州藤原氏の始祖清衡《きよひら》が建てた中尊寺に詣でた。鎌倉瑞泉寺《ずいせんじ》住職の伯父竹院《ちくいん》の勧めで訪れたものである。JR平泉駅からだと、駅前の道を国道四号に出て東北本線沿いに一・五キロほど北上し、三つ目の交差点で左に入る道を三〇〇メートルほど行くと、中尊寺月見坂の入り口に着く。

前沢方面から南下した松陰らは、「道を離れて山に入ること五六町、十八の坊あり、杉樹蓊翳《さんじゅおうえい》し頗る幽邃《ゆうすい》の致あり」というように、奥州街道を離れて山道を五、六〇〇メートル余奥へ進み、次々に現われる本堂や金色堂以下の堂塔を見た。松陰らが来る六百数十年前、源頼朝を驚倒させたという「寺塔四十余宇、僧坊三百余宇」の大伽藍《だいがらん》は、さすがに長い年月を経て半分以下に減少していたが、それでも樹齢数百年の杉木立に包まれた広大な境内は、往時の繁栄をしのばせるに十分であった。

この後、「山目《やまのめ》を経て岩井橋を渡り、一関に宿す」というから、奥州街道、今の国道四号を三反田《さんたんだ》で左折して磐井《いわい》橋を渡り、JR一関駅に近い地主町方面へ出たのであろう。

中尊寺山門（西磐井郡平泉町）

金色堂（同前）

42 葛西城跡へ登る——宮城県石巻市日和が丘

山上から石巻湾の地勢を探る

三月一六日、登米《とめ》駅を発った松陰らは、舟で北上川を渡り、川沿いの道を柳津《やないづ》まで歩き、もう一度舟で飯野川を渡ったと記している。一関《いちのせき》街道、すなわち国道三四二・四五号を飯野川橋の辺りまで来て北上川を渡り、石巻の市街へ入ったことを指すらしい。石巻では、現在公園となっている日和山《ひよりやま》に登り、頼朝治下の奥州総奉行であった葛西《かさい》氏の城跡を訪ね、山頂に鎮座する鹿島御児《かしまみこ》神社に詣でた。境内はその昔、石巻城の本丸であったという。

石巻湾（宮城県石巻市日和が丘）

日和山への近道は、石巻市役所前の急坂を行くルートであり、一方通行の狭い道を登ると、日和山公園の裏手に出る。日和山は日和が丘とも呼ばれるように、標高五六メートルほどの小高い丘にすぎないが、頂上に立つと、眼下に旧北上川が石巻湾に注ぎ込む雄大な景観が広がる。松陰もまた、「北上川は河股に至り分れて両肢を為す。西するものは直ちに石巻港に注ぎ、而して其の東するものは即ち飯野川にして気仙に注ぎ、港を乙巳と曰ふ」と記しているが、河股、実は鹿又《かのまた》（石巻市）で分岐する北上川（追波川）は、河北町（現・石巻市）の追波《おっぱ》湾に注ぎ、また旧北上川は、そのまま石巻市内へ流入する。松陰のいう飯野川は正しくは追波川のことであり、また気仙、おそらく河北を気仙沼と間違えたのは、あやふやな伝聞をそのまま書き留めたためであろう。追波湾はともかく、石巻からはるか北へ五、六〇キロも離れた港町の気仙沼がここから見えることはない。

43　塩釜神社――塩釜市一森山

三月一八日、塩釜《しおがま》神社別当鈴木隼人の案内で法蓮寺（真言宗）に詣でる。一六世紀後半の建立と伝えられるこの寺は、塩釜神社の裏参道一帯に一二の支院を持ち社務一切を支配したというが、江戸末期の火災と廃仏毀釈《きしやく》でほとんど消滅し、今では勝画楼《しょうがろう》と称する書院しか残っていない。この後、陸奥一の宮として尊崇された塩釜明神を拝し、明応六（一四九七）年鋳造という古鐘や歴代藩主寄進の神馬を見た。

奥州一の宮に詣でる

塩釜での宿がどこかはっきりしないが、もし松島方面から来たとすれば、今の国道四五号を宮町の交差点で右折してしばらく進むと、右前方に塩釜神社が鎮座する一森山が見えてくる。幾つかある裏参道のうち、一番手前は七十七銀行塩釜支店西詰から入るルートであるが、もう少し先に行くと、七曲り坂へ通ずる四方跡《よもせき》公園脇から入る道があり、さらに行くと表参道の鳥居が見えてくる。多くの参拝客はむろんここから入るが、数十を数える長い石段を喘ぎあえぎ登り、随身門から唐門へ抜けると鮮やかな朱塗りの拝殿が現われる。

松陰らがどの道を来たのか分からないが、鈴木に伴われてまず法蓮寺を訪ねており、おそらくどこかの裏参道に入り、今も残る勝画楼やその他の堂宇を見ながら本殿をめざしたのであろう。裏参道をまっすぐ登ると、塩釜神社の境内東側へ出る。

塩釜神社本殿（塩釜市一森山）

44 多賀城碑を見る——多賀城市市川

鞘堂に鎮座した碑

未後、すなわち午後二時過ぎ塩釜を発した松陰らは、市川に至り、遠く陸奥鎮所や多賀柵の昔に遡る古代の政庁、多賀城《たがじょう》跡を見た。外城、南辺のほぼ中央と推定される小さな丘の上に二メートル近い巨石で作った多賀城碑がある。天平六（七三四）年一二月一日建立と刻まれた日本三古碑の一としてあまりに有名であり、元禄二（一六八九）年に来た俳人芭蕉は、ようやく巡り会えた喜びを、「羇旅《きりょ》の労をわすれて、泪《なみだ》も落るばかり也」と記しているが、一六〇余年後にやって来た松陰らもその例外ではなかろう。芭蕉は苔むした碑面を手探りしながら何とか判読したというが、松陰らが来たときは、碑そのものは一間四方の堂の中に安置されており、格子越しにこれを見るしかなかった。碑石の汚損を防ぐために考え出された、いわゆる鞘堂《さやどう》の登場である。

鞘堂（多賀城市市川）

鞘堂を望む多賀城跡（同前）

塩釜神社の方角からだと、東北本線塩釜駅を降りてすぐ、東玉川町の交差点で右折して県道に入り一・六キロほど進むと、東北歴史資料館の建物が見えてくる。ここを過ぎると間もなく、右手に多賀城跡、左手に多賀城碑が現われる。道路脇に建てられているが、今は公園化され一帯が濃い樹木に覆われているため、思わず見過ごしそうになる。

古碑の詩

観光客にはむしろ人気の多賀城跡で見ることのできる南門築地跡や階段、城郭を囲む土塁などは、近年進められた発掘・復元作業の成果であり、百数十年前に松陰らが来た頃は、土中深くから掘り出されたこの石碑に、わずかに往時の繁栄をしのんだに過ぎない。千余年の歳月を刻んだ古碑に対面し、大いに心を動かされた松陰は、「多賀の古址に古碣《こけつ》を尋ぬ、蝦夷靺鞨《まっかつ》字なほ新たなり。憶ふ昔朝廷遠図《えんと》を壮にし、胡《えびす》を呑むの気象百蕃を慴《おそ》れしむ。千余年後往時を問へば、空しく男児をして涙巾《きん》を沾《うるお》さしむ」（原漢文）と詠んでいる。

45　蒙古の碑――仙台市宮城野区燕沢

難解な碑銘に元寇を知る

この後、今町を経て燕沢に至り、弘安五（一二八二）年、里末清俊が建てたという蒙古《もうこ》の碑を見た。今町は仙台市宮城野区今市のことらしく、岩切、燕沢と進んだのであろう。

元寇の変の蒙古軍の死者を弔う鎌倉円覚寺開山、僧祖元（鎌倉時代の臨済宗僧侶、もと宋の明州の人。北条時頼の招きで来朝したという）の書いた碑文を、「怪奇読むべからず」というのは、国の忌諱《きい》に触れることを憚り字画を省いて記したため、意味不明の文字が幾つか並んでいたからである。

なお、この碑は、もと燕沢地区の安養寺跡にあったが、今は善応寺の境内に移されている。旧塩釜街道を小鶴まで来て右へ入る道を一キロ余行った地である。

蒙古の碑（仙台市宮城野区燕沢）

46　芭蕉の辻——仙台市青葉区大町

蒙古の碑を見た松陰らは、原町を経て大街（大町）の芭蕉《ばしょう》の辻《つじ》に向かったというから、東北本線とほぼ並行する旧塩釜街道を歩いて仙台城下に入ったことが分かる。城下町割りの基点をなすもっとも繁華な地であり、高札が掲げられたところから札の辻とも呼ばれた。

奥州街道の起点

当時の屋根瓦を模したという碑が、その跡地に建てられている。JR仙台駅前の大通りを西へまっすぐ青葉通一番町まで来て右折し、一ブロックほど歩いた左手ビルの前である。傍らの道標に、「南　江戸日本橋迄　六十九次　九十五里」「北　津軽三厩迄　四十五次　百七里二十二丁」などとあるように、ここは仙台城下から江戸や松前へ至る奥州街道の出発点であった。

なお、名称の由来は、俳人芭蕉とは無関係であり、その昔、ここに芭蕉の木が植えられていた、あるいは伊達政宗の隠密・虚《こ》無僧《むそう》芭蕉と称する人物が住んでいたなどの諸説があるが、はっきりしたことは分からない。

芭蕉の辻（仙台市青葉区大町）

芭蕉の辻碑（同前）

47 仙台藩校・養賢堂跡——仙台市青葉区本町三丁目

文武兼備の総合大学を見る

三月一九日の未後、すなわち午後二時過ぎ、本町三丁目の現・宮城県庁の地にあった養賢堂《ようけんどう》を訪ねた松陰らは、学官二人の案内で構内を隈なく見学した。聖廟や講堂などの建物や文武の教室を見て回るだけでなく、この後、学頭大槻格次《おおつきかくじ》や何人かの教授に面会して養賢堂の組織やカリキュラムの細部に至るまで詳しく聞いている。

「大門を入りて、右を剣槍場と為し、左を学頭舎と為す、即ち格次に居る所なり。左折して行き、橋を渡る、正面を堂と為す。堂の左に聖廟あり、門に中和の二字を扁《かか》ぐ。堂の右を諸生寮と為す。堂は方二十四間、両階あり、右を君侯の臨む所と為し、左を諸士の出入処と為す。中央及び左右前後の五区、皆方五間なり。中区を君侯の学を視、諸生進講する所と為し、後区を君侯の安息所と為す」とは、この時の記録である。なお、この日、彼が作成した養賢堂の見取り図は、現存する数種の学校平面図とほとんど誤差がなく、きわめて正確な資料となっている。おそらく案内人の説明を克明に書きとめながら、自筆の図面を作成したのであろう。

養賢堂跡碑（仙台市青葉区本町三丁目）

現在、跡地の一角、宮城県庁議事堂入り口脇に「藩校養賢堂跡」と記した小さな石碑が建てられている。地下鉄勾当台《こうとうだい》公園駅から北へ三〇〇メートルほどの地である。

48 養賢堂正門――仙台市若林区南鍛治町

残された唯一の遺構

明治四(一八七一)年七月の廃藩置県で藩校養賢堂は閉校となり、敷地や建物などのすべてを宮城県庁に引き継いだが、そのさい、正門は南鍛冶町の曹洞宗泰心院《たいしんいん》に移された。地下鉄南北線五橋駅から南へ三〇〇メートルほど歩き、七十七銀行荒町支店の角を左折して西へ六〇〇メートル行くと荒町のバス停前に出るが、泰心院はこの一筋先を左折したところにある。

文化一四(一八一七)年の落成というから、一九〇年余の歳月を経た由緒ある建造物であり、今では養賢堂に関わるただ一つの残された建物として仙台市の重要文化財に指定されている。松陰らも潜った大門であるが、その切妻造瓦葺四脚門の堂々たる構えを目前にすると、無数の学生たちが出入りした養賢堂の盛んな時代を想像するに難くない。門前に「泰心院山門(旧仙台藩藩校養賢堂正門)」と題した案内板がある。

養賢堂正門(仙台市若林区南鍛冶町)

49　刈田嶺神社——刈田郡蔵王町宮

突然の再会

三月二二日、中田（現・仙台市太白区中田）の宿を発った松陰らは、増田、七千石、大内、岩沼、槻木《つきのき》、船迫《ふなはざま》、大川原と歩いたというから、今の国道四号とほぼ同じルートを名取市、岩沼市、柴田郡柴田町・大河原町と来たことが分かる。白石《しろいし》川沿いの向山で国道四号から右へ分岐する旧道に入り、しばらく進むと刈田宮、すなわち刈田嶺《かったみね》神社へ通ずる道に出る。祭神日本武尊《やまとたけるのみこと》の白鳥伝説と結びつき、白鳥《しらとり》神社とも呼ばれる郡内唯一の式内社である。「刈田宮を過ぎ、道にて弥八に逢ふ」「逢隈河《あぶくまがわ》の上《ほとり》に遇ふ」などと記しているように、刈田嶺神社を通り過ぎ、白石川と再び出会う路上で思いがけず那珂弥八、すなわち江帾五郎と出会った。正月二八日、白河で兄の敵討ちのため南部盛岡へ向かう江帾と別れてから、およそ三カ月ぶりの再会である。

刈田嶺神社参道（刈田郡蔵王町宮）

なお、阿武隈川のほとりで出会ったというのは、柴田町で合流する白石川と間違えたものである。刈田宮を出てすぐとすれば、白石川と松川が合流する地点、蔵王大橋を過ぎた辺りの路上で出会ったものであろう。

ところで、この出会いは単なる偶然ではなさそうだ。「吾れら二人は三月十八日を以て仙台に至り、五蔵（弥八・五郎）を見て南部の状を達せんと欲すれども其の所在を知らず、延留すること数日、之れを探る」というように、弘前城下から来た松陰と宮部は、南部周辺で入手した最新の情報を伝えるためにしきりに江帾の居場所を探していた。江帾も同じ気持ちであったらしく、二人の行方を熱心に追った形跡がある。現に江帾は、三月二〇日の朝、塩釜から仙台に至り、松陰らの出発を誤聞して慌てて福島まで進んだが、この地に現われた形跡がないのを知り、再び仙台へと引き返していたものである。白河で別れるさい、彼らが歩むおおよその行程を聞いていたから、この時期、まず仙台に現われ、次いで福島へ急行したのであろう。双方とも、どこかで必ず会えると考えていたふしがある。

とはいえ、北上する江幡と南下する松陰らが白石川沿いの路上で再会したのは、まったく予期せぬ出来事であり、「ここに至りて相逢ふ、抃躍《べんやく》に勝《た》ふるなし」と記したように、この出会いを彼らは躍り上がって喜び、そのまま白石城下に同行して泊った。

50　戸沢宿跡――白石市小原下戸沢

松陰らは米沢城下をめざし、また江幡は、敵討ちをいよいよ実行に移すため北上するはずであったが、別れを惜しむ江幡は、わざわざ予定を変更して松陰らがめざす次の宿場、戸沢《とざわ》宿まで同行した。

七ヶ宿街道の宿

白石城下を発ち、二里（八キロ）ほど歩くと右手に小原《おばら》村の温泉が現れたというから、国道一一三号にほぼ重なる七ヶ宿《しちかしゅく》街道（羽州街道）を来たことが分かる。今は小原温泉トンネルが完成し、簡単に行くことができるが、昔

下戸沢宿（白石市小原下戸沢）

集落の風景（同前）

は山間を縫う渓流沿いの難路であった。七ヶ宿街道の中継点であり、津軽や羽州の諸藩から江戸をめざす人びとは、上山《かみのやま》（山形県上山市楢下《ならげ》）から戸沢へ入り、さらに桑折《こおり》（宮城県大崎市三本木町）へ出た。

白石から松陰らの歩いた旧道は、国道一一三号の左下方、かなり離れた地点を並行している。六角を過ぎたあたりで国道を左へ分岐する道に入り、すぐ右折してしばらく進むと下戸沢の集落が現われる。藁葺きの家もそこかしこに残る鄙びた風景から、かつての宿場町の賑やかさは想像できない。白石から四里（一六キロ）の行程である。

忠臣蔵に感激する

別れを惜しむ三人は、この日、戸沢宿に泊った。夜、浄瑠璃語りを宿に招き、忠臣蔵を聞く。「仮名手本忠臣蔵」浄瑠璃十一段の最終回、大星由良助《おおぼしゆらのすけ》が高師直《こうのもろなお》邸へ討ち入り本懐を遂げる段、実は赤穂義士の快挙がなった最高の場面である。「相見て忼慨《こうがい》し、涙数行下る」というから、大石内蔵助率いる四十七士の忠節無比を目前に迫った江幡の敵討ちに重ね合わせ、思わず感涙にむせんだのであろう。

翌二四日、盛岡へ発つ江幡から、森田節斎ら旧知の人びとに宛てた手紙六通を預かる。再会を期しがたい旅立ちを前に、一同涙ながらに別れの杯を交したが、この席で誰かが提案したのであろう。前夜の浄瑠璃語りを再び宿に招き、忠臣蔵第八段、すなわち加古川本蔵《かこがわほんぞう》の妻戸無瀬《となせ》が娘小浪《こなみ》を連れて山科の大星を訪ねる下りを聞いた。

その後の三人

ところで、松陰は七年後の安政大獄で刑死、また宮部は一二年後の池田屋事件で新撰組の刃に倒れ、ただ一人江幡のみが生き残った。維新後は、那珂梧楼《なかごろう》（通高《みちたか》）と名前を改め、新政府に出仕したが、あれほど高言した敵討ちに結局成功せず、しかも戊辰戦争では官軍を迎え討つ南部藩の兵士として出陣した。つまり賊軍側に属して戦った経歴がおそらくマイナスに働いたのであろう、立身出世にはおよそ関係がなく、死後、有名人となった二人の友人たちに比べ、ほとんど無名のままに終わった。

51　米沢城下に立つ碑——山形県米沢市中央七丁目

三月二五日、滑津《なめづ》（宮城県刈田郡七ヶ宿町）を発った松陰らは、峠田《とうげた》、湯原、二井宿《にいじゅく》峠（標高五四〇メートル）、高畠（山形県東置賜郡）、亀岡（高畠町）、川井（米沢市）を経て米沢城下に入り、荒町《あらまち》の旅宿に草鞋を脱いだ。「花沢の関を過ぎ橋を渡りて市に入る」というから、国道一一三号の延長線上にある米沢高畠線を羽黒川まで来て花沢町へ抜け、最上川に架かる花沢大橋を渡ったことが分かる。荒町は大橋を渡ってしばらく西進した、今の中央七丁目と四丁目の間辺りらしい。

荒町（桐町）の宿

吉田松陰旅宿の地碑（山形県米沢市中央七丁目）

上杉神社（米沢市丸の内）

荒町《あらまち》の宿がどこか、松陰自身の記録にはないが、郷土研究家の発掘した古い史料を見ると、この時期、荒町の旅籠といえば、荒物商を兼ねた遠藤権内のそれしかなく、松陰らが泊った宿もここに違いないとされる。この事実は早くから知られていたが、平成三（一九九一）年、土地の有志の手で「吉田松陰旅宿の地」の碑が中央七丁目の加藤眼科（休診中）の角地に建てられた。米沢への遊歴を記念する碑文に、「吉田松陰は常に内外の情勢に意をそそぎ、二十三歳の時、東北歴遊の情やみがたく嘉永五年（一八五二）三月二十五日、長崎以来の知友であった米沢藩士高橋玄益を訪ね諸学士と談合しようとして、この地桐町の旅篭、遠藤権内方に宿をとったが、たまたま藩主斉憲が参勤交代で江戸に登る前日とあって果せなかった」とあるのは、こうした土地の言い伝えを踏まえたものである。

なお、宿があった正確な場所は中央四丁目一一のようであるが、地権者の協力が得られず、便宜的に道路の反対側（南側）の現在地に建てられたものである。

当初予定した藩校興譲館の見学は、結局果たすことが出来ず、米沢城の威容を見ただけであるが、今はその跡地に、上杉神社が建てられている。明治九（一八七六）年、上杉謙信、鷹山両公を祭神として本丸跡に造られたものである。荒町の旅宿からもさほど遠くない、南へ一キロほど歩いた地である。

52 日光東照宮 ——栃木県日光市山内

絢爛豪華の装飾に驚く

四月一日、高原の宿を発った松陰らは、藤原（日光市、以下同）、大原、高徳《たかとく》と来て、舟で絹川（鬼怒川）を渡る。大瓜《おおくわ》（今市市大桑町）に入ると、諸大名の寄進した日光杉並木街道が始まる。今市で日光街道、今の国道一一九号に入るが、東照宮を中心に周囲数十キロに渡り延々と続く杉並木は、いずれも樹齢数百年を経た見事な大木であり、徳川三百年の威権と栄光を映した日光参道独特の雰囲気を醸し出している。

ここで松陰らは、道案内を頼んで二荒《ふたら》山（男体山）をめざした。日光開山の勝道《しょうどう》上人ゆかりの輪王寺《りんのうじ》や二荒山神社、東照宮などに詣でるためである。ここまで沢山の堂宇を見てきた松陰らも、一日中見ていて飽きないところから、日暮《ひぐらし》の門の異名をとった東照宮・陽明門の豪華絢爛さには、さすがに驚いたらしく、「社は造築宏壮、文采華麗、金章・朱楹《しゅえい》・銅瓦・粉柱、爛々として目を眩《くらま》す、噫《ああ》、美なるかな。吾れ知る、阿房宮をして大成せしむと雖も、其の美は則ち固より此れに譲ること萬々ならんと」、秦の始皇帝の王宮をも凌ぐのではないかと最大級の賛辞を呈している。

陽明門（栃木県日光市山内）

日光杉並木街道（同前）

53　足利学校跡——足利市昌平町

中世の大学・足利学校へ

四月三日、栃木の宿を出た松陰らは、富田（栃木市大平町）、茂呂《もろ》（鹿沼市）、犬伏《いぬぶし》（佐野市）、天《てん》明《みょう》（同前）を経て足利《あしかが》をめざす。スペイン人宣教師フランシスコ・ザビエルが本国通信で学徒三千人を擁する坂東《ばんどう》の学院といった足利学校を見るためである。

県道一一号と重なる日光例幣使《にっこうれいへいし》街道を岩舟町和泉まで来て右折し、県道六七号を西へまっすぐ進むと足利市である。松陰らの歩いたのは、佐野市から県道桐生岩舟線で足利市内に入るルートである。JR両毛《りょうもう》線沿いの道をあさひ銀行角まで来て右折すると昌平《しょうへい》町であり、足利学校の正面に出る。足利駅から西へ五〇〇メートルほどのところである。

足利学校（足利市昌平町）

史跡足利学校跡（同前）

松陰の見学記によれば、まず学校の扁額を掲げる正面の門を潜り、次いで杏壇（講堂）の二字を掲げた廟門を通り、大成殿、すなわち聖廟を拝した。廟の中は三区に分かれ、中区に宋代に造られたという古色蒼然たる孔子の坐像を安置し、右に顔回、曾子、子思、孟子の位牌を列ね、左には学校の創始者小野篁《おののたかむら》の像が置かれていた。孔子像は宋代のものと聞いたというが、そうではなく室町末期、天文四（一五三五）年に作られたものである。また右区の欄間に入徳の二字を見たというが、これはもともと学校門の外の正門に掲げられていた。現在のいわゆる三門の最初、すなわち入徳門はこれを復元したものである。

豊富な蔵書構成に目を見張る

この後に松陰は、学校に付属する文庫を見学し、厖大な経史の諸書が網羅されていることに驚いた。「内に宋版本及び上杉憲実手書の学校公用等の字あり、最も珍とすべしと為す」とは、足利学校再興の祖、関東管領《かんれい》上杉憲実《のりざね》が寄進した宋刊本の表紙に、「足利学校公用」の六文字があったことをさす。残された一万二〇〇〇冊（うち宋刊本七七冊）の書は、現在学校跡地に立つ市立足利学校遺蹟図書館で見ることができる。

第五章　近畿周遊——諸国遊歴の許可

嘉永五（一八五二）年一二月九日、東北脱藩行の罪で士籍を削除され一介の浪人となった松陰は、生家の一室に閉居し、時おり訪れる人びと、一一歳下の従弟、玉木彦介や明倫館で教えた兵学門下生たちに教授していたが、年明け早々の正月一六日には、藩政府より「往《さき》十ヶ年の間他国修行」を許すとの達しを受けた。

これより先、松陰の処分、すなわち御家人召放しの申し渡された同じ日に、父百合之助より松陰の遊学に関する伺書が提出されており、おそらくこの件について、藩政府が予め内諭を下すか、もしくは暗黙の了解を与えていたのであろう。そのことを裏書きするように、正月一三日に願書を提出したが、僅か三日後の一六日には早くも許可された。

正月二六日の卯時、すなわち午前六時に松陰は当時住んでいた清水口の杉家を出た。前年末から使い始めた松次郎という名を再度寅次郎と改めたのは、この新しい旅立ちを機に心気一転を期するためであろう。二四歳を迎えた春のことである。

萩往還を三田尻へ出たが船便がなく、富海《とのみ》から船に乗り、大坂をめざした。途中、四国の多度津《たどつ》に寄港しながら、二月一〇日、大坂に着いた。安治《あじ》川口から土佐堀川をさかのぼり、常安《じょうあん》橋下で舟を降りたというから、河口から一里半（六キロ）ほど来て、なにわ筋辺りに上陸したことが分かる。荻野流砲術の大家として知られた幕臣、玉造《たまつくり》口《ぐち》の定番与力坂本鉉之助《げんのすけ》を桃谷《ももだに》（大阪市生野区）の役宅に訪ねて質疑を重ねた後、梶木町、今の中央区北浜辺りに門戸を構えていた頼山陽門の後藤松陰を訪ねるなど、結構忙しくしているが、二月一二日、大和五條の森田節斎《せっさい》に教えを乞うため大坂を発った。

大和川を渡り、葛井寺《ふじい》（藤井寺）を経て竹内街道を越え、二月一三日、五條に着いたが、たまたま節斎は所用で河内方面へ出かけるところであり、松陰もそのまま同行することになった。富田林、岸和田、熊取、岡田、堺など各地を転々としたのは、このためであるが、五條に戻ったのが四月六日であるから、延々五二日の旅を経験したことになる。この間、師節斎の側で親しく学ぶことができたが、それ以上に、行く先々で多くの文人名士に会うことができたことが大きい。四月五日には節斎の使いで、大和八木の谷三山《さんざん》を訪ねて一泊したが、八木には五月二日にも再訪している。三山の主宰する興譲館《こうじょうかん》の授業に感銘を受け、もう一度会いたいと思ったようだ。

四月二五日、五條を発った松陰は、奈良、伊賀上野を経て津城下に入った。津藩重役で藩校有造館《ゆうぞうかん》のもと督学斎藤拙堂に会うためである。この後すぐ、伊勢神宮に参拝して国学者の足代弘訓《あじろひろくに》を訪ねたのは、拙堂側の都合で数日間の余裕ができたためである。五月一〇日、拙堂が教鞭をとる愛宕山下の栖碧山房《せいへきさんぼう》を訪ねた。備中中島村から来た三島貞一郎（毅）に会ったのは、この時のことである。翌一一日、拙堂門人らの案内で藩校有造館の演武処へ行き、山鹿流をはじめとする武術稽古の実際を熱心に見た。

この日の夕方、津城下に別れを告げた松陰は、一身田《いっしんでん》で泊まった後、大野、白子、四日市、桑名と来て揖斐《いび》川を舟行、今尾で一泊、翌一二日、大垣城下を経て中山道へ入った。以後は順調に旅を続け、五月二四日、江戸に着いた。

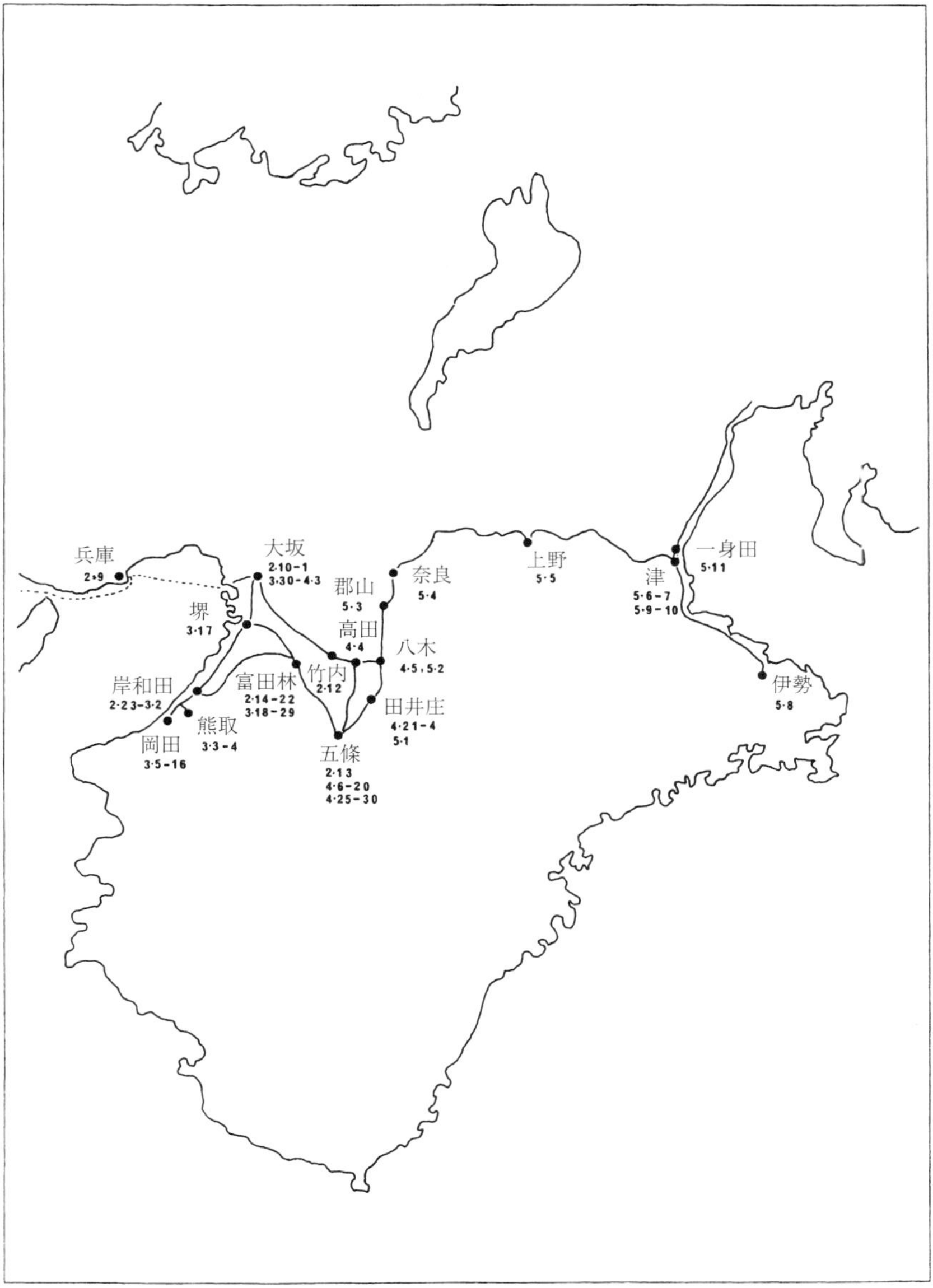
兵庫
2·9
大坂
2·10−1
3·30−4·3
郡山
5·3
奈良
5·4
上野
5·5
一身田
5·11
津
5·6−7
5·9−10
堺
3·17
高田
4·4
八木
4·5，5·2
岸和田
2·23−3·2
富田林
2·14−22
3·18−29
竹内
2·12
田井庄
4·21−4
5·1
熊取
3·3−4
岡田
3·5−16
五條
2·13
4·6−20
4·25−30
伊勢
5·8

近畿周遊

大阪市内図

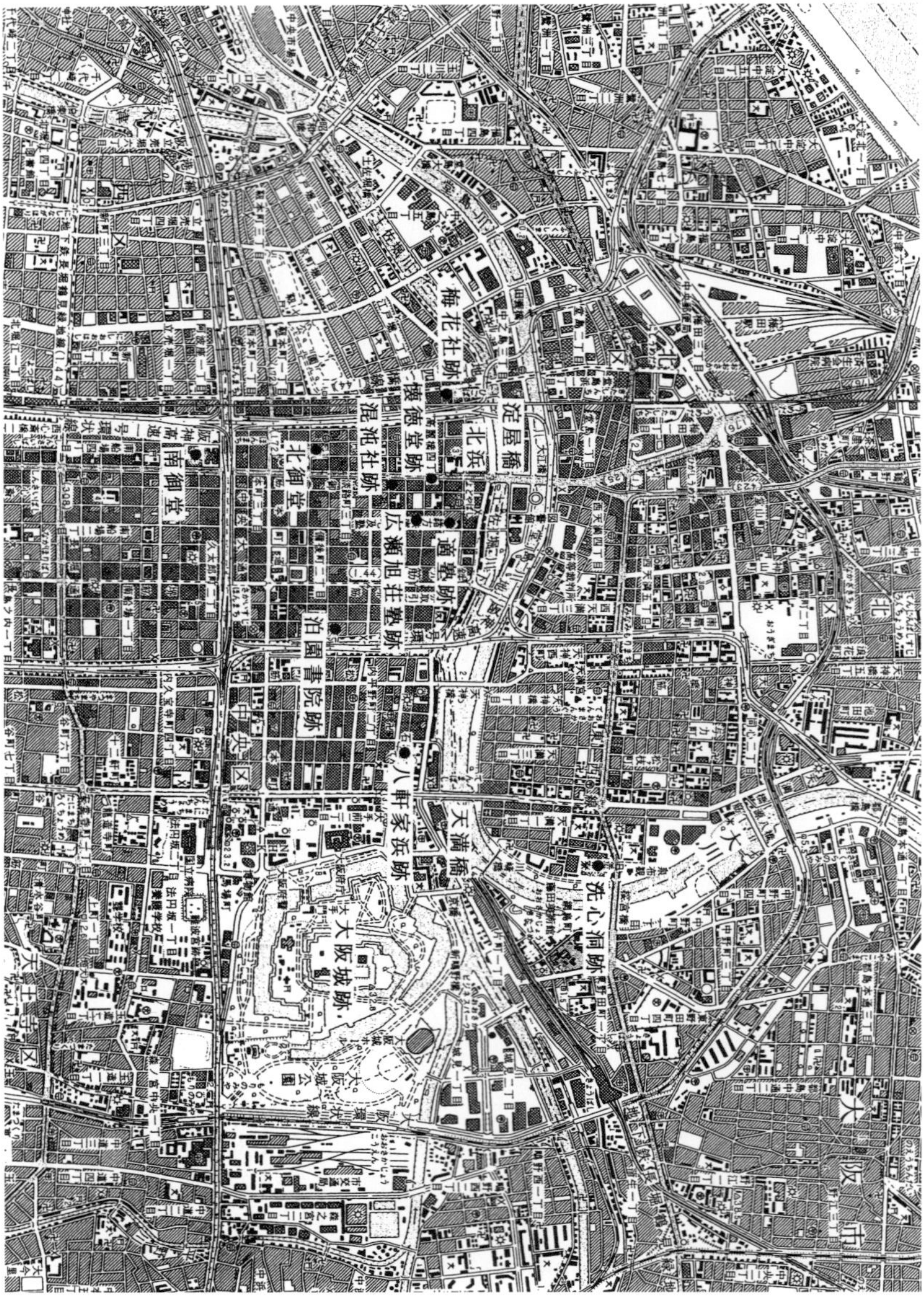
梅花社跡
淀屋橋
北浜
懐徳堂跡
混沌社跡
北御堂
南御堂
適塾跡
広瀬旭荘塾跡
泊園書院跡
八軒家浜跡
天満橋
大川
洗心洞跡
大阪城跡
中央区
天王寺区

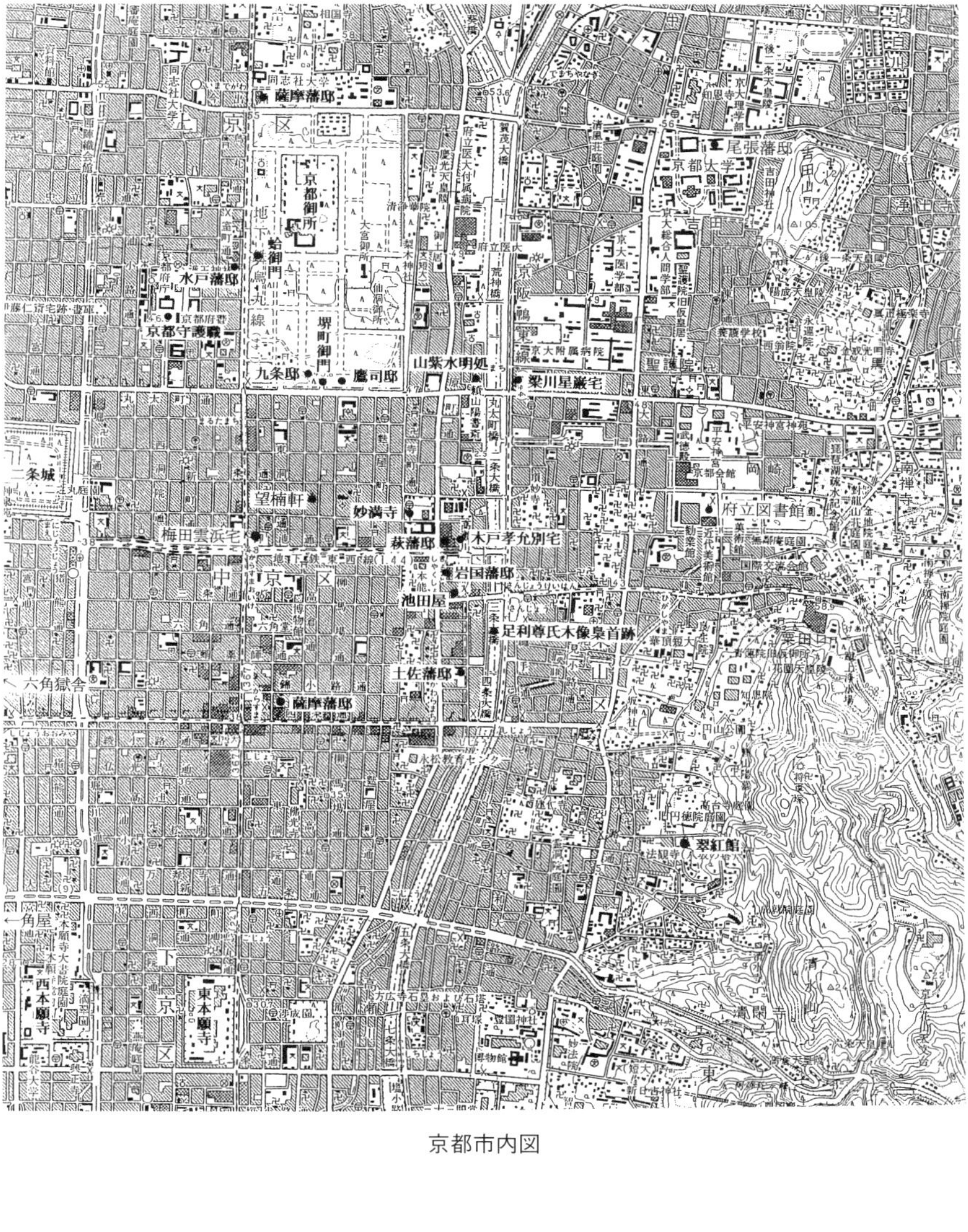
薩摩藩邸
尾張藩邸
京都大学
京都御所
水戸藩邸
京都守護職
九条邸
鷹司邸
山紫水明処
梁川星巌宅
二条城
望楠軒
妙満寺
府立図書館
梅田雲浜宅
萩藩邸
木戸孝允別宅
岩国藩邸
池田屋
足利尊氏木像梟首跡
六角獄舎
土佐藩邸
薩摩藩邸
翠紅館
←角屋
西本願寺
東本願寺

京都市内図

1 森田節斎旧宅跡——奈良県五條市五條一丁目

大和五條の勤王家節斎へ刺を呈す

西国観音霊場第五番の札所、葛井寺の壮大な伽藍《がらん》を見た後、竹内峠を越え大和に入った松陰は、二月一三日、下《しも》街道を南下して五條に着いた。「五條が生んだ儒学者で、明治維新の思想的指導者」（旧宅跡の案内板）といわれる森田節斎を訪ねたが、あいにく不在のため、彼を追って門生の堤《つつみ》孝《こう》亭《てい》の家を訪ねた。東北遊歴に同行したもと南部藩士江幡五郎の紹介状を持ち、その師節斎に教えを乞うためにはるばる笈を負うて来たものである。この日の日記に、「五郎の事を語り、又其の文を論ずるを聴きて夜半に至る。快甚だし。遂に宿す」とあるように、意気投合した彼らは、夜半まで語り合い、そのまま節斎と共に堤の家に泊まった。

森田節斎の旧宅跡は、市役所近くの町の真ん中にある。奈良方面から国道二四号を南下して五條市内に入り、紀陽銀行五條支店のある四つ角で左折し、一五〇メートルばかり進んだ左手の細い路地を入った所である。十数年前までは見ることのできた、江戸時代の形状を色濃く残した古い商家風の建物はすべて消滅し、現在は、新しい民家の軒先に「森田節斎宅址」の小さな石碑と案内板があるのみである。節斎の事績を記した頌徳碑は、国道一六八号に出て、国道三一〇号へ続く大通りを北へ六、七〇〇メートル行ったところにある中央公民館の前に建てられている。また墓は、最晩年に住んだ紀ノ川沿いの荒見村、現・紀の川市荒見にある。

寄宿した堤家跡

ところで、松陰が一泊した堤孝亭の家は、節斎旧宅跡から一〇〇メートルほど戻った国道一六八号沿いにあった。今は書店の桜井誠文堂となっている場所であり、節斎の不在を知った松陰が、すぐその足で堤の家を訪ねたのも納得がいく。孝亭はここで医家を開業していたというから、家も相応に大きかったはずである。

森田節斎宅址（同前）

森田節斎旧宅跡
（奈良県五條市五條一丁目）

森田節斎頌徳碑
（五條市本町一丁目）

堤孝亭旧宅跡（同前）

松陰が再び五條に戻り、節斎の塾で学んだのは、四月六日から二〇日までの一五日間、二五日から二九日までの五日間、計二〇日間であるが、この間、彼はずっと堤宅に寄宿しており、ここから毎日節斎の許に通った。なお、節斎旧宅跡の案内板に「その門下からは吉田松陰や後に天誅組の変に参加する乾十郎らの尊皇の志士が出た」とある乾十郎《いぬいじゅうろう》の家は、紀陽銀行前の四つ角を左折してすぐの路地を入ったところにあり、森田節斎や堤の家からも近い。節斎塾で学ぶ松陰が、堤宅と同じように出入りしたことは、おそらく間違いない。

2　佐渡屋仲村家跡——大阪府富田林市富田林町

長逗留した仲村家

翌一四日、松陰は富田林《とんだばやし》に向かった。この地の豪商佐渡屋仲村家の縁談に関わる揉め事の仲裁を依頼された節斎に従う弟子たちの一人としてであり、交渉の長引くのを予想した節斎が入門早々の松陰に随従するように命じたものである。

早くから河内国最大の酒造米高を誇る豪商として知られた仲村家は、松陰がやって来た頃も、土地を代表する酒造家であり、幾棟もの酒蔵を列ねる壮大な家屋敷を有していた。その後、多くが失われたが、往時の面影は、今も富田林町に残る仲村家の立派な門構えに見ることができる。近鉄長野線を富田林西口駅で降り、市役所や幼稚園を右手に見ながら東進すると、かつて寺内町として栄えた中心街に出る。西方寺前の坂道を登ると、間もなく左手に重要文化財に指定されている杉山家の豪壮な建物群が現われる。仲村家はその斜め前にあり、邸前に、「この屋敷には文人墨客が数多く訪れ、長州藩士吉田松陰もその内のひとりといわれている」と記した松陰の肖像入りの小さな案内板が掲げられている。

ところで、松陰はこの仲村家に二月一四日から二二日までの九日間、三月一八日から二九日までの一二日間、計二一日間も滞在している。仲村家の記録には、「森田に付添、罷越候長州浪人吉田と申もの両人有之候所、長逗留被致」とあるのみで、極めて薄い印象でしかないが、常時何人かの食客を抱え、出入りする客人もひっきりなしの賑やかな仲村家のことだから、数旬におよぶ松陰らの滞在もごくありふれた出来事だったのだろう。

佐渡屋仲村家旧宅（大阪府富田林市富田林町）

3 岸和田城跡——岸和田市岸城町

相馬九方らと海防論を議す

二月二三日から三月二日まで九日間は、岸和田城下に滞在した。節斎に伴われた松陰は、藩校講習館で教授相馬九方《そうまきゅうほう》（一郎）に会ったが、滞在中毎日のように相馬宅を訪れ、彼の紹介で多くの文人墨客たちと知り合っている。九方の門人でのち相馬家を継ぐことになる、当時まだ一三歳の土屋弘は、松陰らが詩文を作り、海防論を議するのをすぐ傍らで聞いた、また宿泊場所は、城下本町、現・円成寺の向かい側の塩屋平兵衛宅（塩屋本陣）であったなどと回想しているが、松陰側の記録を見ると、三月一日には、相馬家で出会った庄屋岸長太郎の家に宿泊しており、この間、一カ所に停留していたわけでもないらしい。

なお、昭和十年代半ばまであった塩屋家はすでになく、近年、跡地と思われる一角に、「吉田松陰の寄留地」の案内板が掲げられたが、正確には現在の府道二〇四号、堺・阪南線の走っている辺りである。

岸和田城跡（岸和田市岸城町）

4　中家旧宅跡——泉南郡熊取町

節斎先生に随従する

　三月三日、節斎の一行は岸和田城下を発ち、熊取《くまとり》の中家へ向かった。仲村家との縁談の相手方であり、話し合いのため節斎がやって来たものである。中家は岸和田藩領の熊取一五カ村を降井《ふるい》家と二分して支配した他藩における大庄屋格の豪農であり、縁組相手として申し分がない。何年来続いたという揉め事の理由ははっきりしないが、仲村家の当主徳兵衛は節斎の弟子、また中家の当主左近は、京都の頼山陽塾で節斎と同門の関係であったから、両家の調停・仲介の労を取るには、節斎以上の人物は見当たらない。三日と四日の両日、松陰もまた師と一緒にこの中家に泊まっている。

中家旧宅跡（泉南郡熊取町五門）

　岸和田城下から二里の道を来たというのみで、熊取までの行程ははっきりしないが、おそらく紀州街道から粉河《こかわ》街道に入り、大久保辺りで左折して、葛城《かつらぎ》山を望む方角へまっすぐ進んだのであろう。岸和田からクルマで来ると、国道二六号を南進し、中庄の交差点、ホテルニューユタカの側を左折、ＪＲ阪和線を越えて、さらに一キロばかり進むと中家の前に出る。ＪＲ阪和線の熊取駅で下り、東へ一五分ほど歩いた五門西一丁目である。

　中家の主屋は入母屋造り・萱葺き・妻入りで、周囲に本瓦葺きの庇を持つ土塀をめぐらしている。かつては主屋の東側に別棟の式台玄関付の客殿（書院）があり、松陰らはここに泊まったと思われるが、今は失われてない。表門（三間薬医門）や唐門の豪壮な造り、お寺の庫裏《くり》を思わせるだだっ広い土間や二〇畳敷はあろうかという大きな台所を有する主屋、どれ一つ見ても、岸和田藩の郷士代官や七人庄屋の筆頭を務めた中家のかつての繁栄ぶりを雄弁に物語ってくれる。五〇〇メートルほど戻ったところにある降井家書院とともに、国の重要文化財に指定されている。

なお、松陰の来遊については、『熊取の歴史』（熊取町・昭和六一年）が簡単に記述しているが、中家住宅の方は、さほど観光化されていないためか、案内パンフをふくめ、この事実に触れたものは何もない。

山田邸の講筵に列なる

三月五日、熊取を発った一行は、岡田浦、今の泉南市岡田に向かい、医師山田文英の家に着いた。泉佐野市の湊に出て孝子越街道に入り、南海本線沿いの道をまっすぐ岡田浦まで来たものらしい。文英とは相馬九方の家で会っており、おそらくそのさい、節斎の来遊がきまったのであろう。一六日までの一二日間、半月近い滞在日数からみて、この地の門人に対する節斎の講義が行われたことは間違いない。「文英の門生に西川俊斎と云ふものあり、紀の人なり」というのは、そうした授業に松陰らと席を並べた一人と思われる。

山田文英の家がどこかはっきりしないが、医を開業していたというから、南海本線岡田浦駅の周辺、その昔、泉州十八浦の一つに数えられた浜辺の近くであろう。

5　谷三山旧宅跡　橿原市八木町三丁目

興譲館で学ぶ

三月一六日、岡田を発った節斎らは、堺を経ていったん富田林の仲村家に戻り、月末まで一二日間滞在した。三月晦日、節斎と別れた松陰は、大坂に出た。後藤春蔵（松陰）や藤沢昌蔵（泊園）らをはじめとする諸方の学者を訪ねて教えを乞うているが、四月五日には八木の谷三山の興譲館《こうじょうかん》に現れた。五月二日、再訪したが、親しく学んだのは、このときをふくめ前後二回にすぎない。若くして聴力を失った聾者の三山とは、すべて筆談であったが、「谷三山は天下の奇人と謂ふべし」「昌平（三山）の学逢ふ毎に之れを奇とす」などというように、その都度、三山の学識や人と為りに強い感銘を受けている。のちに松陰が、上方をめざす村塾生に大和八木へ立ち寄り、三山に学ぶように盛んに勧めたのも理由のないことではない。

興譲館のあった三山の旧宅は、橿原市役所からさほど遠くない八木町三丁目に現存する。近鉄八木駅を下り、駅前を直進して一つ目の信号を左折し、東西にまっすぐ延びる道に入る。古代の官道横大路（伊勢街道）であり、クルマ一台がようやく通れる昔ながらの狭い道であるが、この道を五、六〇〇メートル東進すると札の辻の交差点に出る。建坪六〇〇坪といわれる豪壮な家構えの谷家は、この角を右折したすぐのところにある。八木駅から徒歩一〇分ほどの距離である。

谷家に残る木像

今の当主谷孫兵衛氏の家、もと興譲館に松陰に関する資料は何も残されていないが、見逃すことができないのが、三山先生の肖像を写した個性的な坐像である。世間によくある漢学者流の気難しい厳粛そのものの顔つきとはまるで異なる、満面笑みをたたえた優しく穏やかな風貌であり、松陰が、「諸生相親愛すること、兄弟骨肉《こつにく》の如」しと嘆賞して止まなかった塾中における和気藹々《あいあい》の教育風景を、十分に思い起こさせてくれる。

なお、三山の履歴や業績を顕彰する「谷三山先生頌徳碑」は、近鉄八木西口駅を降り、南へ五〇〇メートル歩いた今井まちなみ交流センター「華甍《はないらか》」の敷地内に建てられており、またその墓は、ここから東へ七〇〇メートルほど行ったところ、橿原市立晩成小学校の道を挟んだ南側の墓地内にある。

興譲館跡（橿原市八木町）

谷三山肖像（同前）

谷三山頌徳碑（橿原市今井町）

6　棲碧山房跡　津市鳥居町

節斎先生の命で津城下へ

五月六日、伊賀上野から長野の山越えで津城下に入った松陰は、竪町、現・大門町の旅宿に草鞋を脱いだ。森田節斎の手紙、実は拙堂の著作『海外異伝』の誤謬を訂正し、幾つかの疑問点について質問する一文を託されており、すぐさま斎藤家に届けたが、拙堂の側は回答書を作成するために数日間の猶予を求めた。八日、伊勢神宮参拝へ出掛けたのはそのためであり、翌九日、津城下に戻った。拙堂に面会したのは、五月一〇日のことであり、茶臼山（標高三〇メートル）の麓にあった拙堂の別宅、棲碧山房《せいへきさんぼう》、一名茶磨山荘《ちゃうすやまそう》を訪ねた。

茶臼山麓の学塾

もともと拙堂の居宅は津の城内にあったが、他国人の来遊が増えるにともない、面会や教授にどうしても不便を感じたため、茶臼山の丘陵地に適地を探し一屋を建てたものである。津城跡、今はお城公園となっている地から安濃《あの》川まで来て、ＪＲ紀勢線と近鉄名古屋線を越える御山荘《ごさんそう》大橋を渡って

拙堂先生山荘遺址
（津市鳥居町・長谷茂氏提供）

拙堂斎藤先生碑
（津市光明町・偕楽公園）

すぐの左側、線路の西側法面《のりめん》に、「拙堂先生山荘遺址」の碑がある。鳥居町しあわせの森公園のちょうど向かい側になる。今では背後には住宅団地が広がり、ごく普通の町の風景であるが、昔はこの一帯に住む人はほとんどおらず、わずかに二、三の別荘が点在するのみ、夜になると狐の鳴き声がするという、まことに寂しい場所であった。なお、跡地を示す石碑は、茂るにまかせた草木に覆われ、今はそれと見分けるのが難しくなっている。

萩藩士で拙堂と親交があり、教えを乞うた人は少なくないが、なかんずく松陰が兄事した周防大島郡遠崎村の海防僧月性は、早くから拙堂に師弟の礼を執っており、津城下にたびたび現われ棲碧山房で学んだこともある。勉学の時期は、松陰の来訪とは前後しすれ違いとなっているが、同じ頃、備中倉敷から来て四年間在塾した三島貞一郎(毅)は、月性、松陰のいずれにも面識があり、それぞれの印象について語っている。

7　津藩校・有造館跡――津市丸之内

藤堂氏三二万石の藩校を訪ねる

五月一一日、松陰は、藩士水沼外衛の案内で藩校有造館《ゆうぞうかん》の演武処を訪ね、山鹿流兵学をはじめとする弓・馬・剣・槍・柔術などの武術稽古を見学した。午後四時頃までおり、大勢の人びとと会い、有造館を中心とする津藩の学制や教育の実際について詳しく聞いた。

松陰が武術稽古を熱心に見た藩校有造館は、お城公園の東側、丸之内のNTT津支店の一帯にあった。敷地内の北東隅、国道二三号に面した角地に、「史跡津藩藩校有造館跡」の石碑が建てられている。正門の入徳門が、往時の学校の隆盛をしのばせる唯一の遺構となっているが、ここにはなく、すぐ近くのお城公園に移設されている。

史跡津藩藩校有造館跡（津市丸之内）

有造館入徳門（津市西丸の内・お城公園）

なお、有造館の督学斎藤拙堂の顕彰碑は、一一代藩主藤堂高《とうどうたか》猷《ゆき》の作った偕楽園《かいらくえん》、今の津市指定史跡・名勝偕楽公園の北東、県立博物館の近くに見ることができる。JRと近鉄津駅西口から徒歩三分ほどの地、現・津市広明町《こうめいちょう》である。

8 淀川沿いの道——大阪府三島郡島本町

西国街道を歩く

松陰は、今回の旅、諸国遊歴以外に、前後六回、京・大坂方面に足を踏み入れている。嘉永四（一八五二）年三月五日に萩城下を発った東遊がもっとも早いが、この時は、参勤交代の行列の前後を行くいわば公用の旅であり、時おり途中で寄り道することはあったが、予め定められたルートを日程どおり歩いた。山陽道の終点、西宮から京都方面へは、国道一七一号とほぼ並行する西国街道が続くが、天王山を左手に見る大山崎まで来て、淀川を対岸の八幡の浜へ渡り、ここから宇治川沿いの淀堤、淀小橋を経て伏見口（下三《しもみ》栖《す》）まで続く約一里（四キロ）の道を、淀城を左手に見ながら歩いた。この後、萩藩の伏見屋敷で二泊、山科から大津へ出て東海道を一路、江戸に向かった。

西国街道（大阪府三島郡島本町）

西国街道を行く旅は、八年後にもう一度経験している。安政六（一八五九）年五月二五日、萩城下を発った江戸檻送の時であり、松陰を乗せた罪人駕籠は、同じルートを進んだ。幕府法廷からの呼び出しに応ずる形式だけを見れば、まだ容疑者でしかなく、重罪人扱いはいささか的外れな気がしないでもないが、幕命を奉ずる藩政府にして見れば、松陰を江戸へ送り届けることに万が一の間違いがあってはならない。しかも、京都近辺で村塾激派の襲撃が噂されたりしたから、下田踏海事件で本国送還となった五年前より一層厳重に警備を固めた。江戸藩邸より来た護送に関する指令に、「乗物は錠前附網掛り腰縄を付すべく候。尤も趣に寄り候ては手鎖付に致すべく候」とあるのは、そのためである。護衛の中間を一〇人から一五人に増やし、夜も必ず三人ずつ寝ずの番をせよと命じており、最大級の厳重な警戒をした旅である。

道中警護の心得として、「中国路・山崎路とも陸路通行の事」とあるから、参勤交代の旅と同じく、江戸まですべて陸行、山陽道から西国街道へ入り、狐の渡しで淀川を渡り、伏見に着いたことが分かる。六月一一日の夕方であり、萩城下を出てから一六日を経ていた。これまで何度も見た風景ではあるが、二度と帰ることのない旅の空でさすがに感慨深いものがあったのか、この日、松陰は、「淀」「伏水より都を拝し奉りて」と前置きした二首を詠み、また「男児山《おとこやま》」「淀堤」などと題する詩を作っている。

六月一二日の詩に「檻輿今日京師《けいし》を過ぐ」とあるように、伏見を発った松陰の駕籠は、山科を越えて大津へ向かった。以後は東海道を進み、同月二五日、江戸へ入った。

淀川東岸を下る

江戸檻送の旅の五年前、下田踏海事件で国許蟄居と決まった松陰は、嘉永七（一八五四）年九月二三日、江戸麻布の下屋敷を出た。手鎖をかけ唐丸駕籠に押し込められていたというから、文字どおり重罪人の扱いで、東海道を西下した。

一〇月八日、伏見に着き、翌九日、淀川東岸沿いを守口まで下り、ここから神崎（現・尼崎市）まで川舟を利用し、以後は山陽道をひたすら進んだものである。この間、罪人駕籠に閉じ込められた松陰らに行動の自由は一切ない。萩に着いたのは、一〇月二四日である。

9　狐の渡し――京都府乙訓郡大山崎町円明寺

舟で対岸八幡の浜へ

桂川の流末、桂・木津・宇治川の三川合流地点の流れが変幻自在に変わるところから名が付いたという狐《きつね》の渡《わた》しは、狐浜の渡し、狐川の渡しなどとも呼ばれた。JR山崎駅のすぐ手前、西国街道脇の離宮八幡宮門前から淀川へ出て対岸の橋本をめざす山崎の渡しから、さらに二キロ近く上流に位置した。淀川の西岸、すなわち西国街道を茨木、高槻、島本、大山崎と東上して来た旅人たちは、狐の渡しと呼ばれた渡し場から向こう岸をめざした。街道筋の小泉橋バス停から川沿いに下り、桂川に合流する地点であるが、昔は、三川合流はもう少し上流の淀付近であり、ここから淀川を対岸の八幡へ直接渡し舟で行くことができた。川幅一一〇間（一九八メートル）ほどの舟渡しである。

移設された道しるべ

京都へ向かう国道一七一号に並行するように伸びるかつての西国街道は、正式には府道六七号・西京高槻線であるが、この道を大山崎町役場と並ぶ中央公民館まで来ると、その中庭に、「すぐきつ祢渡し」と書かれた高さ八五センチほどの小さな道標が立っている。

狐の渡し道標
（京都府乙訓郡大山崎町）

以前、この碑はすぐ近くの旧街道沿いの大山崎小学校前にあったが、道路の拡幅工事で現在地へ移された。同じ時期に移されたと思われる「やなぎ谷観音」を指し示す道標、あるいは上半分が欠けて行く先不明となった道標などと一カ所にまとめられているが、案内板がないため、以前、これらがどこにあり、どの方角へ行く道しるべであったのかは、何も分からない。

10 八軒屋浜の舟着場跡——大阪市中央区京橋二丁目

八軒屋浜の賑わい

萩城下から上方をめざす旅人たちの多くは、萩往還を三田尻、もしくは富海《とのみ》の海浜に出て、ここから船に乗り、瀬戸内の港伝いに東上した。天候に恵まれれば、海上五、六日で大坂天保山沖に着く。ここで小さな川舟に乗り換え、安治川から土佐堀川を経て八軒屋浜《はちけんやはま》に上陸した。

八軒屋浜への旧道（大阪市中央区京橋二丁目）

石垣跡（同前）

八軒屋浜（摂津名所図会）

公園周辺に残る遺構

舟着場周辺に八軒の宿屋が並んでいたところから出た名称という八軒屋浜は、今の大阪市内の繁華街、もっとも賑やかな京阪電鉄天満橋駅の辺りである。跡地はすべて埋め立てられ、一面ビル街となっており、かつての船着場のイメージはまったくない。

南へ数十メートルほどのところに北大江公園があるが、北側外壁の一部を成す高さ三、四メートルの古色蒼然たる石垣や数十段の石段は、江戸時代のままであり、八軒屋浜に通ずる旧道が奇跡的に残されたものである。

11　伏見港跡——京都市伏見区葭島金井戸町

大坂から京都へは、淀川水運を利用した三十石舟（定員二八名、船頭四名）の便が定期的にあり、八軒屋浜を出た舟は大川から淀川の本流に入り、一一里（四四キロ）ほどさかのぼり、今は天王山を望む大山崎辺りで合流する宇治川をさらに二里（八キロ）ほど川上へ進み伏見港に着いた。

復元された舟着場跡

京阪電車の中書島駅で下車、南西の方角へ徒歩数分ほど歩き、表町の小さな踏切を越えると間もなく伏見港公園の入り口が見えてくる。すぐ近くを宇治川沿いに外環状線、府道一八八号が走っているため、一日中車の往来が絶えず、とても昔ここに舟着場があったようには思えないが、船の櫓を表わす正面入り口のモニュメントが、それらしい雰囲気を伝えてくれる。総合体育館やテニスコートを右手に見ながら遊歩道をしばらく進むと、川のほとりに出る。常夜灯や「伏見港の歴史」「三十石舟の由来」などを記した案内板があちこちに配されており、ここがその昔、舟着場跡であったことを知らせている。

伏見港跡（京都市伏見区葭島金井戸町）

橋を渡った対岸に屋形舟を模した休憩所があるが、これはかつて淀川水運の花形として活躍した伏見舟、最盛時には百隻を超えたという三十石舟を復元したものである。今はその跡地に屋形舟の発着場が作られ、川遊びを楽しむ大勢の観光客を迎えているが、平成六（一九九四）年にライオンズクラブの作った標識に開港四〇〇年とあるから、松陰が来た頃よりはるかに古い歴史を持つ舟着場である。

舟で淀川を往復する

ところで、松陰はこの伏見港を、大坂までの下りを二回、大坂からの上りを一回の計三回利用している。

伏見桃山城跡
伏見藩邸跡
伏見みなと公園
中書島駅
伏見港跡
文化センター
森林総合研究所
京都教育大学
国立病院
桃山町
乃木神社
向島
宇治
京阪
京大防災研究所

伏見港周辺図

最初は、嘉永五（一八五二）年の春、東北脱藩行の罪を問われ、国許送還となったときである。四月一八日、四人の監視役に付き添われて江戸を発った松陰は、四月二七日、伊勢四日市の宿で、道中、天気もよく順調に箱根の険を越え、大井川を渡ったと書いており、陸路をまっすぐ来たことが分かる。五月初めに逢坂山を越えて伏見に向かい、舟で淀川を下り、大坂の天保山港から海路、三田尻をめざした。この間の足取りははっきりしないが、五月一二日には萩城下に入った。江戸出立から二五日目の到着であり、瀬戸内を行く船の旅をふくめ、すべてに順調な旅であったことが分かる。道中、ずっと監視付ではあったが、世間話などを交えながら平体、すなわち普通の旅姿で歩いたというから、罪人扱いの境遇ではあるが、かなり自由に振舞うことができたようだ。

二回目は、嘉永六年の秋、ロシア軍艦による海外密航を企て長崎へ急行していたときである。東海道を陸行一二日、一〇月一日に京都に着いた松陰は、すぐその足で鴨川沿いに住んでいた梁川星巌《やながわせいがん》を訪ねた。翌二日、朝早く京都御所を拝し、二条城を見ながら伏見に向かった。桃山（標高一三〇メートル）に登り太閤秀吉の築いた伏見城の遺址を見た後、伏見港から大坂をめざした。舟で一夜を過ごしたらしく、三日の朝早く八軒屋浜に着いている。川の流れに乗る下りは半夜もしくは半日しかかからなかったというから、夜遅く出る舟便を利用したのであろう。なお、船賃は七二文であった。

三回目は、ロシア軍艦乗り込みに失敗した松陰が、江戸での再起を期し東上していたときである。一二月三日の朝、天保山沖に着いた松陰は、八軒屋浜で夜の舟に乗り、一路伏見をめざした。淀川沿いを延々とさかのぼる曳舟のため、丸一日を要しており、おそらく翌日遅く伏見港に着いたと思われる。舟賃も下りの二倍余の一四八文を支払っている。

一二月七日まで四日間、京都市中に滞在したが、往路で訪ねた梁川星巌や梅田雲浜、たまたま上洛中の旧師森田節斎に会うだけでなく、萩・岩国・尾張・水戸藩邸などを次々に訪ねた。目前に迫ったアメリカやロシアとの外交問題に関する情報収集のためらしい。

12 萩藩伏見屋敷跡——伏見区表町

参勤交代に活躍した藩屋敷

陸路で山陽道を来る旅人は、広島、岡山、姫路城下を経て西宮で西国街道に入り、多くは大山崎辺りで淀川の対岸へ渡り、宇治川沿いの道を伏見に向かった。京都を目的地にする場合は、西国街道を東向日《ひがしむこう》まで来て久世《くぜ》橋辺りで桂川を渡り、竹田街道を北上し、洛中に入った。一方、江戸に向かう旅人や参勤交代の大名行列は、伏見で一休みした後、京阪電車に並行する旧道を墨染、深草と歩き、山科から大津へ出ており、現に伏見港の近くには西国諸藩の大名屋敷が沢山軒を連ねていた。本国からはるばるやって来た大名行列は、いったん伏見屋敷に入り、長旅の疲れを十分癒してから山科越えで東海道もしくは中山道のいずれかの道を選び、一路江戸をめざした。

萩藩の伏見屋敷は、宇治川沿いの外環状線から竹田街道へ入ると間もなく左手に現われる京都市伏見土木事務所の地にあった。伏見港公園から北へまっすぐ五、六分ほど歩いたところである。時山弥八『もりのしげり』の「歴代領地城宅表」に伏見蔵屋敷とあるのがそれであり、伏見東浜南町にあった銭屋善兵衛の宅地を購入したものというが、当時の家構えや敷地の大きさなどは何も分からない。

ところで、伏見土木事務所のまん前、もと伏見屋敷の道を隔てた向こう側に「伏見みなと公園」と記した冠木門《かぶきもん》が見えるが、ここを潜ると宇治川の支流を利用したもう一つの舟着場があり、やはり三十石舟を模した遊覧船が出入りしている。松陰らが来た頃、ここから乗り降りしたかどうかはっきりしないが、伏見港公園の舟着場から歩いても、たかだか数百メートルほどの距離であり、伏見屋敷が交通至便の地であったことは間違いない。

淀城跡（京都府伏見区淀本町）

淀川東岸の道（山崎の渡しから見る）

伏見みなと公園（同前）

萩藩伏見屋敷跡（伏見区表町）

13 伏見城跡――伏見区桃山町

陵墓となった天守閣跡

文禄三（一五九四）年に太閤秀吉が建てた伏見城は、関ヶ原の戦いのさい、西軍石田方の軍勢に焼き討ちされ、その後再建されたが、二代将軍秀忠の隠居した寛永二（一六二五）年に廃城となった。つまり松陰がやって来た頃にはすでに城郭はなく、あちこちに残る石垣や堀跡にかつての繁栄をうかがうしかなかったが、桃山丘陵地の高みにある本丸跡は、北は竹田街道を京都へ至る地勢、また南は眼下に広がる宇治川沿いの景観を見るのにかっこうの地であり、兵学者ならばどうしても一度は登ってみたい場所であったに違いない。

明治天皇伏見桃山御陵（伏見区桃山町）

明治二七（一八九四）年に本丸跡をふくむ桃山丘陵地は、すべて皇室御料地として接収され、明治天皇の崩御後は、その亡骸を祀る伏見桃山陵となった。以後、陵墓のある本丸一帯は立ち入り禁止の場所であり、したがって、かつて松陰が足をとどめた城跡に立ち、同じ風景を見ることはできない。

なお、近鉄丹波橋駅から東へ一キロほど、桃山町二の丸にある伏見城は、数百年前に二条城へ移築された五層の天守閣を模したものであり、かつての天守閣は、ここから南東へ五〇〇メートル離れた明治天皇伏見桃山陵の地にあった。

14　萩藩京都屋敷跡　中京区河原町御池

萩藩の京都屋敷は、もと京都ホテル、今の京都ホテルオークラの地にあった。以前は河原町通の正面に「長州屋敷址」の碑が建てられていたが、改築後は御池通に面した南側に移されている。跡地に、この藩邸を拠点に活躍した長州藩志士のトップリーダー桂小五郎、のちの木戸孝允の坐像がある。平成七（一九九五）年、京都桂ライオンズクラブの結成三〇周年を記念して作られたものである。なお、前出の『もりのしげり』には、京都屋敷の住所は京都三条河原町、敷地面積は四〇三〇坪八合一勺余とある。

激派志士の拠点

ロシア軍艦への乗り込みを企て、江戸から長崎へ向かう途中、一〇月一日から二日にかけて、松陰は京都に滞在したが、藩邸を訪ねたかどうかははっきりしない。計画に失敗した長崎からの復路、一二月四日夜から、八日まで延べ五日間滞在したさいは、河原町の藩邸に姿を見せ京都詰の役人引田辰之允や山根文之允らと会っているが、その正確な日付は明らかでない。間もなく再来するはずのペリーの艦隊に関する情報を得ようとすれば、真っ先に藩邸を訪ねるのが早道であり、五日の朝早く現れたのではなかろうか。

長州屋敷址
（中京区河原町御池）

桂小五郎（木戸孝允）像（同前）

15　岩国藩邸跡――中京区恵比須町

ビル街に変貌した屋敷跡

萩藩邸の南隣に加賀藩邸があった。現在の御池通である。そのさらに南側に対馬藩邸と岩国藩邸が並んでいた。いずれも河原町通に面した場所である。対馬藩は、藩主夫人を毛利家から迎えていた縁戚関係であり、また岩国藩は、萩藩の支藩である。跡地を示すそれらしきものは何もないが、今ある京都ロイヤルホテルが対馬藩邸、その隣の朝日会館が岩国藩邸のあった場所らしい。町名でいうと、御池通の南に位置する下丸屋町から恵比須町にいたる一帯である。

岩国藩邸跡（中京区恵比須町）

おそらく一二月五日、京都屋敷で最新の情報を聞いた松陰は、その足で目と鼻の先の岩国藩邸を訪ね、玉野泰吉（玉乃《たまの》正履《せいり》）らと関ヶ原以来の本藩、支藩の根強い確執を解き挙藩一致体制を確立するための方策について話し合っている。同月七日付の兄梅太郎宛手紙に、「岩国玉野泰吉其の外三人へ、長防二国一塊物となり宗枝《そうし》崖岸《がいがん》（本藩と支藩の関係がぎくしゃくしている）の私見を破り度く申し談じ、甚だ同意なり」と書いているから、それなりの感触を得たのであろう。

16　池田屋跡——中京区中島町

新撰組惨劇の宿

岩国藩邸のあった恵比須町の近くには、新撰組の襲撃事件で有名になった池田屋がある。ホテルオークラから木屋町通を南へワンブロック歩き、三条小橋を右へ曲がるとすぐの場所であり、以前はパチンコ屋、今は池田屋のカンバンを掲げた居酒屋になっているが、昔はここが長州藩人の常宿の一つであった。京都屋敷から三〇〇メートルほどの近距離であり、公用以外の出京者が泊まる宿、もしくは他藩人との会合の場所としてもしばしば使われた。店脇に「維新史跡池田屋騒動之址」の碑が立ち、また歩道の真ん中に「池田屋事変跡地」と刻まれた小さな金属製プレートが埋め込まれている。なお、池田屋事件では、松陰の盟友、熊本藩士の宮部鼎蔵をはじめ、村塾出身の吉田栄太郎（稔麿《としまろ》）や杉山松介らが死んだ。

松陰と池田屋の関係ははっきりしないが、長崎行の途中の一〇月一日と、再起をめざして江戸へ帰る途中の一二月四日から八日までの計五日間の京都での宿泊先が不明である。もと藩士ではあるが、今は浪人身分の松陰が藩邸に寝泊りすることなどありえず、市中の宿、藩邸に近く何かと便利な池田屋に泊まったと考えるのが、ごく自然であろう。

維新史跡池田屋騒動之址（中京区中島町）

事変跡地プレート（同前）

17 尾張藩邸跡——左京区吉田本町

大学構内に消えた藩邸跡

京都に着いた翌日の一二月五日と六日の二回、松陰は尾張藩邸を訪ねた。五日は熊本から行を共にした宮部鼎蔵と一緒に訪ねたが、尾張藩の要人、おそらく留守居役が不在で会えず、翌日再訪した。宮部は前日早くに江戸へ発っており、この日は松陰一人で出掛けた。六日付の尾張藩士某宛手紙に、「尊藩君公様御賢明の由は恐れながら追々欽募《きんぼ》し奉り候事にて、何卒《なにとぞ》一日も早く関東御下向遊ばされ水戸老公と天下の事御商議遊ばされ、群小の邪説を推潰《すいかい》し国体を明かにして夷狄を懲《こ》しめ候様の御処置在らせられ度く祈り奉り候」などと書いたように、開国論に批判的な尾張藩主徳川慶恕《よしくみ》（慶勝）の有力諸侯への働きかけを期待した松陰が、かねての持論を展開したものであるが、尾張藩内の政治情勢を探るためもあったようである。

なお、尾張藩邸は、左京区吉田本町、今の京都大学本部構内、今出川通に面した工学部の辺りにあった。三条小橋近くの池田屋からだと、徒歩三〇分ぐらいの地である。

尾張藩邸跡（左京区吉田本町）

18　梅田雲浜の望楠軒跡　中京区杉屋町

雲浜に初めて会う

京都に着いて四日目、一二月七日の朝、松陰は梅田雲浜《うんぴん》に会い、越前藩を中心とする北陸諸藩の動静を聞いた。前年、過激な発言で小浜《おばま》藩を追われた雲浜は、この頃、堺町通二条下る杉屋町西（のち東側）にあった望楠軒《ぼうなんけん》で教えていたが、居宅は木屋町二条にあった。どちらを訪ねたのかはっきりしないが、いずれも池田屋からさほど離れた場所ではない。四年後の安政四（一八五七）年正月、萩城下に現われ、藩校明倫館で講義することになる雲浜であるが、松陰とはこのときが初対面である。

なお、「梅田雲浜邸址」の碑は、烏丸《からすま》通御池上る東側の地にある。地下鉄烏丸線を下りてすぐ、東北の一角である。安政五（一八五八）年九月七日夜、幕吏に踏み込まれたとき住んでいた家の跡であるが、むろん、ここに松陰が出入りした事実はない。

望楠軒跡（中京区杉屋町）

梅田雲浜旧宅跡（中京区木屋町二条）

19　水戸藩邸跡——上京区下長者町通烏丸西入北側

水戸藩の政治的姿勢を探る

雲浜の元を辞した松陰は、その足で水戸藩邸を訪ね留守居役の鵜飼吉左衛門に会った。攘夷貫徹の急先鋒として知られた烈公徳川斉昭の消息や藩内の情勢を知るためである。

昭和四三（一九六八）年、京都市の手で跡地を示す標石が建てられた。烏丸通の蛤御門から少し手前を西へ入ると下長者町《しもちょうじゃまち》である。案内板に、「此付近水戸藩邸跡」とあるように、藩邸はこの通の北側にあったというから、町名でいうと上京区鷹司町、ホテル・ガーデンパレスの辺りである。

水戸藩邸跡（上京区下長者町通烏丸西入北側）

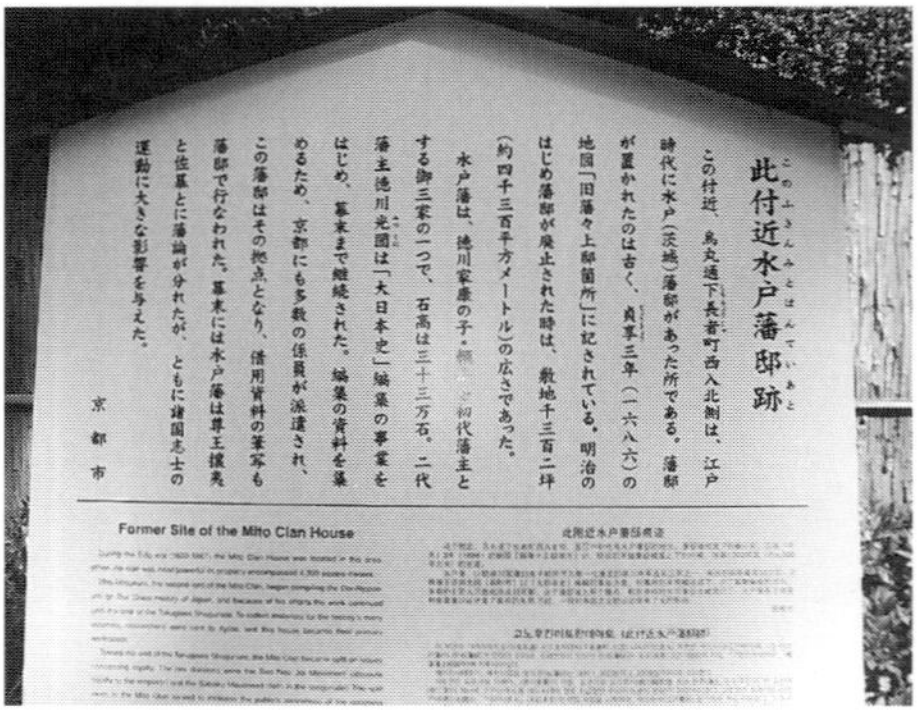

水戸藩邸跡案内板（同前）

20 梁川星巌旧宅跡——左京区聖護院川原町

鴨沂小隠を訪ねる

江戸後期の代表的な漢詩人梁川星巌《やながわせいがん》は、時事を嘆く慷慨の志で知られたが、この頃、丸太町大橋の東畔、町名でいうと聖護院《しょうごいん》川原町に住んでいた。鴨川の対岸に頼山陽の寓居、山《さん》紫水明処《しすいめいしょ》を望む辺りである。自宅に名付けた鴨沂小隠《おうきしょういん》とは、鴨川の畔に住まいする小屋というほどの意味である。

松陰は、この星巌と長崎行の往復の途中、二回会っている。最初は嘉永六（一八五三）年一〇月一日、京都に着いてすぐその足で訪ねた。長崎からの復路に再訪したのは、国許の旧師山田宇右衛門《ううえもん》の使いとして、画像の賛を依頼するためである。国許から持ち込んだ頼まれ事という点を考えれば、一二月五日か六日には済ませたはずであろう。

梁川星巌邸址（左京区聖護院川原町）

川端通に面した旧宅は早くに失われ、跡地に「梁川星巌邸址」の小さな石碑が建てられていた。一時期、住居の解体工事のため撤去されていたが、今は駐車場前のほぼ同じ位置に復帰している。丸太町大橋を東山の方角へ渡って左折し、鴨川沿いを北へ二、三〇メートルばかり進んだ場所、京阪鴨東線丸太町駅からも目と鼻の先の距離である。

21 山河襟帯の詩碑——左京区岡崎最勝寺町

京洛に唯一ある記念碑

一〇月一日、洛中に入った松陰は、翌二日の朝早く御所を拝し、その感懐を「山河襟帯《きんたい》自然の城」で始まる詩に託した。「今朝盥嗽《かんそう》して鳳闕《ほうけつ》を拝し、野人悲泣して行くこと能はず。鳳闕寂寥《せきりょう》にして今古《いにしえ》に非ず、空しく山河のみありて変更なし」(原漢文) などと詠んでいるように、長きにわたる皇室の衰微、公卿政治の無能ぶりに悲憤慷慨したものである。

山河襟帯の詩碑（左京区岡崎最勝寺町）

市中から東大路通を二条通まで北上して東山の方角へ入り、京都会館先の四つ角を右折するとすぐ、京都府立図書館が現れる。山河襟帯の詩碑は、その前庭の南側にある。松陰の五〇回忌にあたる明治四一（一九〇八）年、京都府教育会が中心になって建立したものであり、もと図書館前庭の東南端にあったが、平成一三（二〇〇一）年の図書館改築にともない、現在地に移された。

自然石を利用した見上げるばかりの立派な碑だが、案内板がないため、傍らに立つ小さな石標、「吉田松陰先生山河襟帯詩碑」でようやくその何であるかが分かる程度である。戦時下の松陰ブームの反動というべきか、台石が壊れ周囲に散乱するがまま放置されていた冷たい仕打ちの一頃に比べれば、今は綺麗な植え込みに囲まれ随分よい扱いとなっているが、それでも大きな碑がぽつねんと立っているさまは、観光都市京都にしてはやはり不親切の感は免れがたい。おそらく図書館に出入りする人びとの大半は、この碑がなぜここにあるのか知るよしもなく、ましてや刻まれた詩の意味や内容などは、まったく分からないと思われる。

第六章　海外密航を企てる——下田踏海の壮挙と挫折

長崎でのロシア軍艦乗り込みに失敗した松陰は、嘉永六（一八五三）年一二月二七日、江戸に戻った。居所は、出発前と同じ鍛冶橋外桶町の蒼龍軒であり、ここで一年後の再来を約して去ったペリーの軍艦に乗り込む計画を新しく練っている。武州羽根田沖に米艦七隻が現れるのが、年が明けたばかりの正月一八日だから、僅か二〇日後のことである。下田へ同行するもと萩藩軽卒の金子重之助とは、この頃、塾内で知り合い、互いに意気投合し、師弟関係を結んだものである。

嘉永七年三月五日、赤羽橋で待ち合わせた松陰と金子重之助は、保土ケ谷《ほどがや》、横浜、金川（神奈川）を経て、三月一四日、伯父竹院が住持を務める鎌倉の瑞泉寺に向かった。この間、なぜアメリカ行きを希望するかをいう「投夷書」の原稿を練り、横浜、金川、本牧界隈《ほんもくかいわい》を駆け巡って何とか沖に浮かぶ異船に近づくことはできないのか、伝手をたどり船頭を買収するなど苦心惨憺しているが、いずれも成功していない。鎌倉に来たのは、異船の多くが下田沖にいることを知り、急遽下田に向かう途中であり、一泊しただけで去った。

三月一八日の午後、下田に入った松陰らは、旧岡方村の旅人宿岡村屋に草鞋を脱ぎ、ここを拠点に沖合いに停泊する異船への乗り込みを策した。時おり下田から一里（四キロ）ほど離れた蓮台寺温泉に現れたのは、たまたま松陰の手足に出来た皮膚病の治療のためであり、土地の漢方医村山行馬郎の世話になっている。

三月二五日の夜半、宿に近い稲生沢川《いのうざわ》に停めてあった小舟に乗り込み、沖をめがけて漕ぎ出したが、波が荒く一向に前へ進むことができず、諦めて引き返した。柿崎弁天島に上陸、弁天社に潜り込み一夜を明かしたのは、この時のことである。翌二六日の早朝、お参りに来た村人に驚いて目を覚ました松陰らは、外浦海岸に向かい漁師の家

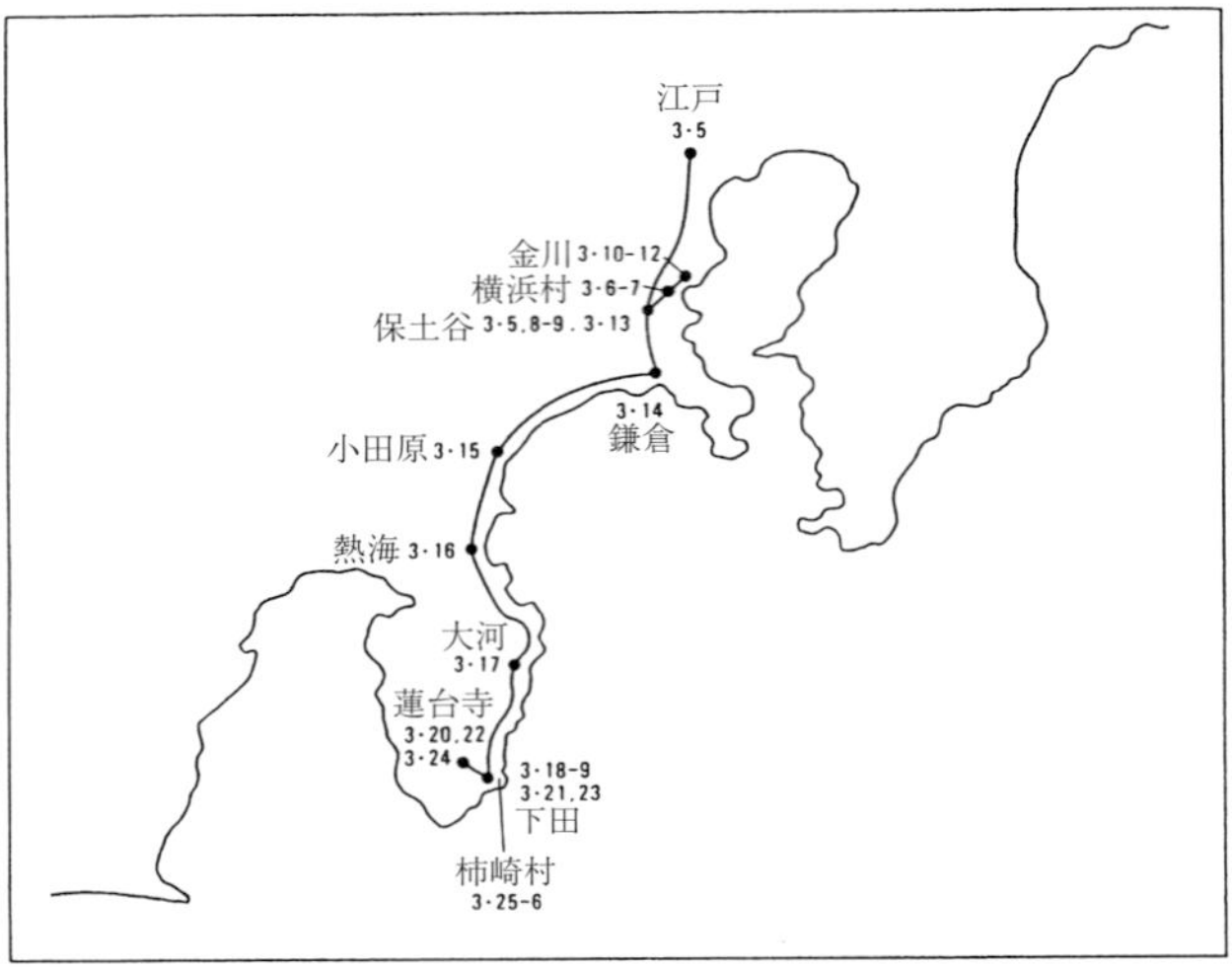

下田踏海

で一泊した。午後になり柿崎に戻ったが、雨が降り風も吹き出したため、坂上の茶屋で夜を過ごしている。

三月二七日、柿崎海岸で上陸中のアメリカ水兵に会い、保土ヶ谷から持ち回っている「投夷書」をようやく手渡すことができた。松陰の書いた「回顧録」には、ペリーの軍艦ポウパタン号への乗り込みを敢行したのは、この日の夜半とあるが、弁天社の中で仮眠をとりながら潮の満ちてくるのを待ち、ようやく夜八ツ時、すなわち午前二時に舟に乗り込んだというから、正確には二八日の早朝のことである。

事件の顚末《てんまつ》を克明に記した「三月二十七日夜の記」には、「岸を離るること一町許《ばか》り、ミシツピー船へ押付く」「夷人頻りに手真似にてポウパタン船へゆけと示す」「已《や》むことを得ず、又舟に還り力を極めて押行くこと又一丁許《ばか》り、ポウパタン船の外面に押付く」などとあり、初め海岸から一〇〇メートル余の所にいたミシシッピー号に乗りつけたが、提督ペリーのいる旗艦ポウパタン号へ行くようにいわれ、再び苦労して一〇〇メートルほど沖合いの船に向けて漕ぎ出したと回想しているが、両船の停泊していた湾内の位置は松陰の記憶違いであったらしく、必ずしも正確ではない。

はるばる太平洋の波濤を越えてきたアメリカ軍艦は、いずれも排水量二〇〇〇トン前後の大艦であり、岸から僅か一〇〇メートル余の近距離にいるはずがない。ミシシッピー号は一六九二トンであったが、旗艦ポウパタン号は二四一五トン、当時世界最大級の蒸気軍艦であったからなおさらである。現に、アメリカ側の記録では、この夜、ミシシッピー号は岸から少なくとも二、三〇〇メートルのところに碇を下ろし、またポウパタン号はそこからさらに二、三〇〇メートル離れた沖合にいた。この間、松陰らは荒波に翻弄され、うまく舟を操ることができず、身一つで辛うじて乗り込んだため、所持品すべてを積んだ舟を波間にさらわれてしまった。乗船を拒否され、柿崎村に舞い戻った二人が覚悟の自首をしたのは、このためである。

よく知られているように、アメリカ遊学をいう松陰らの申し出に対する提督ペリーの回答は否であった。日米和親条約の締結された今、遠くない時期に両国民の往来が可能になるからそれまで待て、またわれわれは、なお三カ月間日本に滞在するから、君たちを連れて帰るわけにはいかないというのが理由であるが、新しく構築されたばかりの日米関係を刺激するような事態はなるべく避けたいとする、アメリカ側のごく常識的な対応であろう。

1　瑞泉寺の碑――鎌倉市二階堂

江戸を発つ前日、すなわち三月四日、出府中の兄梅太郎を訪ねた松陰は、鎌倉瑞泉寺の伯父竹院の許でしばらく勉強するつもりであり、今後一〇年間は政治的発言や行動は一切しないという趣旨の誓紙を書き血判を押した。密航計画については知るよしもないが、周囲が噂する弟の怪しげな言動からして、松陰が近々何かとんでもないことを仕出かすのではないかとしきりに疑う兄を納得させるための一時の方便であるが、いくら仲のよい兄弟でも、海外密航という非常手段に訴えるアメリカ行きを打ち明けることはできなかったようである。

密航計画の出発点となった瑞泉寺

ところで、松陰は伯父竹院が住持の鎌倉瑞泉寺を前後四回訪れている。最初は嘉永四（一八五一）年六月一三日、熊本藩士宮部鼎蔵と房相沿岸調査の小旅行を試みたときであり、同行の宮部は、鶴岡八幡宮近くの旅宿に泊まった。次は嘉永六年の夏、一〇カ年間の諸国遊学を認められて江戸へ出てきた直後であり、萩の実家から託された手紙や品物を携えていた。五月二五日から六月一日まで滞在し、読書のかたわら江の島、大仏観音などの名所旧跡を訪ねている。三度目は同年九月一三日、ロシア軍艦への乗り込みのため長崎へ発つ直前であり、翌日すぐに江戸へ戻った。兄梅太郎への手紙で伯父竹院から金三両借りたので礼状を出してほしいと述べており、おそらく長崎行きの旅費の工面に来たのであろう。返済の用なしともいうから、松陰の胸中を察知した伯父が、餞別の意味を含めて金を出してくれたのかもしれない。四度目は嘉永七年三月、神奈川沖に現れたペリーの軍艦への乗り込みを策して保土ヶ谷、金川（神奈川）、横浜の海岸を転々としていたときであり、三月一四日、下田沖に多くの異船がいるとの情報を得た松陰は、保土ヶ谷から戸塚を経て鎌倉へ急行、瑞泉寺に一泊した。二七日の夜半、下田沖へ漕ぎ出した金子重之助と一緒である。

鎌倉最大の観光スポットである鶴岡八幡宮から国道二〇四号、金沢街道を数百メートルほど東へ行った地点で左方へ分岐するお宮通りへ入り、荏柄《えがら》天神社や大塔《だいとう》宮（護良《もりよし》親王）を祀る鎌倉宮を左手に見ながら、さらに一・五キロほど行くと、ようやく瑞泉寺の総門が見えてくる。鶴岡八幡宮から直線距離でも二キロ近くはあり、徒歩で来ると優に三〇分を要する。ＪＲ横須賀線や江ノ島電鉄鎌倉駅からだと、大塔宮行きのバス終点で降り、徒歩一五分ほどのところである。

松陰吉田先生留跡碑

総門を潜って広い境内に入り、急勾配の細い参道を左手に広がる梅林を見ながらしばらく登ると山門に辿り着く。辿り一面濃い緑に蔽われ見逃しそうになるが、この山門の左脇に、松陰の来遊を記した小さな碑がある。嘉永六年五月二五日に再訪した松陰が、山門の前を掃いていた竹院和尚とたまたま出会ったことにちなんで、この地が選ばれたものである。昭和四（一九二九）年の建立であり、碑銘は徳富蘇峰が書いた。

瑞泉寺山門（鎌倉市二階堂）

松陰吉田先生留跡碑（同前）

なお、松陰を出迎えた瑞泉寺第二五代住職の竹院は、母滝の兄、つまり母方の伯父に当たる人物である。滝より一歳年長というから、このとき五六歳であった。幼くして仏門に入り、しかも早くに萩城下を離れたため、松陰との関係はほとんどない。一〇年ぶりの再会と記しており、少年時代に別れたきりであろう。

2 岡村屋跡――下田市二丁目

下田港の宿

三月一八日の午後、下田に入った松陰と金子重之助の二人は旧岡方村の旅人宿岡村屋に草鞋を脱いだ。現・市内二丁目の下田屋旅館の辺りである。伊豆急下田駅からだと、駅前の大通りを東へ進み、最初の交差点を右折してまっすぐ南下すると、右手に下田市民文化会館が見えて来るが、下田屋旅館は、ここからワンブロック先の左手に位置する。徒歩七、八分ほどの距離である。

下田屋旅館（下田市二丁目）

挙動不審の二人

後年、岡村屋の子惣吉はこのときの松陰らの様子を、「両人共に二十三四とも見ゆる若者にて、下田見物のため罷り越したと申し候、而して彼等は二階の奥座敷を占め申候、下田見物のため罷り越せしと申せども、着後直ちに自分の父を呼び寄せ、下田の模様逐一聞きたるのみにて、その後は別にかけ廻りて見物する様子もなく、唯寝たり転んだり立たり坐たりして日を送るのみにて有之候」と回想しているが、二階の奥座敷に陣取った二人は、いつ、どこから、いかにして沖合いの異船に乗り込むかにあれこれと思いを巡らせていたのであろう。日中、何もせずごろごろしているように見せたのは、事の露見するのを恐れたいわば苦肉の策であり、その証拠に夜暗くなると人目を忍ぶように何度も出掛けた。怪しいといえば、これくらい怪しい泊り客もいなかった。

事件後、番所での取り調べに岡村屋の主人は、「去月十八日より廿五日迄止宿」「両日他行も有之」などと答えており、松陰らは一八日から二五日まで八日間宿泊し、その間、二日ほど外泊し不在であったようにいうが、二四日の午後にはすでに岡村屋を去っており、実際にお客として滞在したのは六日間でしかない。この日、下田番所より管下すべての旅宿に対し宿泊客の身元調査を行い届け出るように布達があった。ペリー一行の了仙寺訪問にさいし身元の不確かな浪人者を洗い出し、その暴発を未然に防ぐための措置であるが、関わり合いになるのを恐れた岡村屋は松陰らの宿泊を断った。日中は何もせず夜になるとしばしば出掛ける、いかにもいわくありげな二人連れであったからである。

なお、明治二六（一八九三）年三月二七日付の『国民新聞』に寄稿した徳富蘇峰の聞き取りでは、松陰らの印象を詳しく語ったのは岡方屋の子、当時熱海小学校教員の岡崎総吉となっているが、事件直後の下田番所での黒川嘉兵衛の取調書には、「三月十八日下田に至り、岡村屋宗吉方に止宿云々」とあり、岡方村の岡村屋が正しいようである。宿屋の主人が宗吉、その子も惣吉、もしくは総吉と同名であったのは、名前を世襲したためであろう。

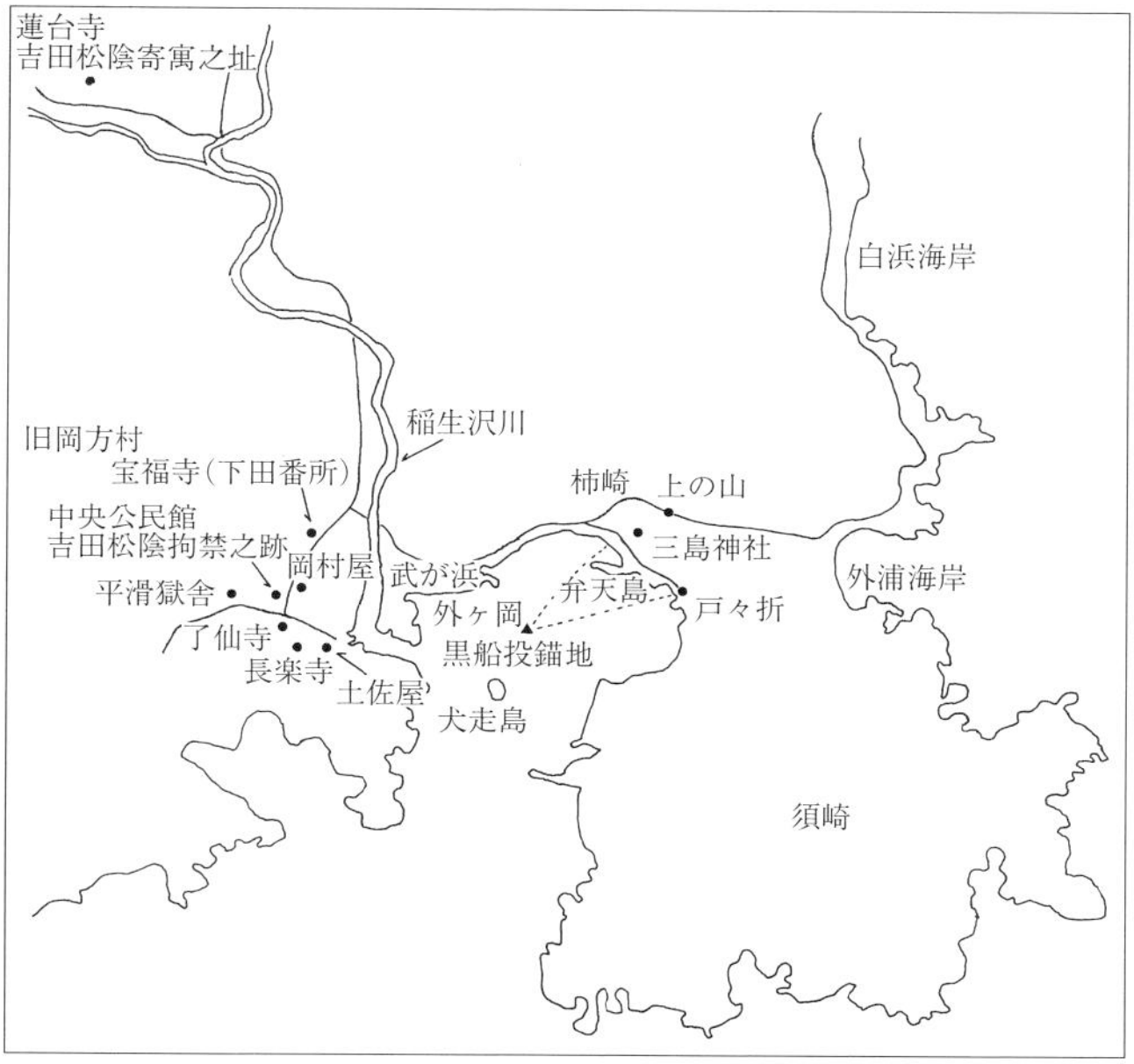

下田市内図

3　村山行馬郎旧宅跡——下田市蓮台寺

岡村屋の主人がいう外泊云々は、滞在中松陰らが何度か蓮台寺村に出掛けたことをさしているのは間違いない。現に岡村屋に投宿して三日目の三月二〇日、二人は下田から一里ほど離れた蓮台寺村に行き温泉に浴した。この頃、松陰の手足に発症した皮膚病、彼にいわせると疥癬《かいせん》を治療するためである。金子は夜になりいったん下田へ帰ったが、松陰はそのまま村内に留まった。

湯治客を装う

村山家の二階に潜む

下田屋旅館から中島橋まで出て市役所前を通る国道四一四号を北上し、立野橋を渡ると蓮台寺口であり、ここを左折してしばらく進むと間もなく右手にゆばた花月亭や旅館蓮台寺荘が現れる。この一筋先の小道を山側へ二、三〇メートル入ると、松陰がかつて宿泊した村山行馬郎の旧宅に辿り着く。県史跡に指定された萱葺きの建物であるが、竹垣に囲まれた趣のあるたたずまいは、大正初年に撮られた古い写真の眺めとほとんど変わらない。冠木門の傍らに立つ「吉田松陰羇寓《きぐう》之址」と題する大きな碑は、大正三（一九一四）年三月に静岡県賀茂郡教育会が建てたものである。

村山行馬郎はこの地で小さな宿を営む老爺であったという説もあるが、村山家の言い伝えでは、共同浴場に入浴中たまたま松陰と知り合い、自宅に伴い二階の一間を提供したものである。漢方医であった行馬郎が皮膚病に利く塗り薬を調合して松陰に与えたともいうから、村松春水のいう「木賃的の温泉宿云々」は、いささか眉唾ものであろう。

「修理工事報告書」がいうように、村山家にはその後、何度も修理の手が加えられ間取りも大きく変わり、松陰のいた部屋がどこか特定できないが、人目を避けるように潜んだというから、天井の低い屋根裏部屋程度のものであろう。

なお、松陰は、翌二一日にはいったん下田の岡村屋に戻ったが、翌二二日には金子を一人岡村屋に残し、再び蓮台寺村に行き村山家に泊まった。翌二三日には雨の中を迎えに来た金子と一緒に下田に戻り、柿崎海岸に出て沖合いに停泊する異船を偵察した。二四日には岡村屋に宿泊を断られたため、止むなく金子と共に蓮台寺村に行き一泊した。

蓮台寺村には、三日後の三月二七日にも二回現れた。この日、柿崎海岸でアメリカ水兵に「投夷書」を手渡すことができた松陰らは、蓮台寺村に行き入湯して時間をつぶした。夕方、下田に戻り柿崎海岸に漁船があるのを知った二人は、再び蓮台寺村に行き暗くなるのを待った。夜半人がいなくなった頃を見計らい、沖へ漕ぎ出そうとしたものである。蓮台寺村まで一里ほどの距離とはいえ、何度も往復したのは、下田では夜間の外出が禁止され、自由に歩き回ることができなかったからであり、役人に見咎められたら蓮台寺での湯治を口実にできると考えたようだ。

村山行馬郎旧宅跡（下田市蓮台寺）

吉田松陰羇寓之址（同前）

4　土佐屋跡——下田市三丁目

兄への手紙を託す

三月二五日の夜、松陰は土佐屋を訪ね、江戸を発ってから今日までの日記と手紙を合わせた封書を兄梅太郎の元へ送るように頼んだ。土佐屋の当主孫兵衛は、もと長州藩人、実は周防大島郡沖浦村出身の船頭であり、この地に養子に入っていたものである。彼の伯母が以前萩の杉家に奉公に上がっていたことがあり、この女性から松陰は土佐屋のことを知らされたらしい。下田に着いてすぐ何度か訪ねたが、たまたま孫兵衛が奥州方面へ出掛けて不在のため、やむなく発送を残された家人に託したものである。かねての計画をいよいよ実行に移す直前の手紙であり、さぞかし胸中を綿々と綴った文面であったと思われるが、残念ながら世に出ることはなかった。事件が起こり、封書を出す機会を逸した土佐屋は、これを深く秘して誰にも見せなかったようだが、一一月にこの地を襲った大津波ですべてが失われてしまった。

居酒屋に変身した旧宅

なお土佐屋は、下田屋旅館から南へ数十メートルのところを東西に流れる平滑《ひらなめ》川沿いの道を、了仙寺宝物館を右手に見ながら五、六〇メートル下り、右折してすぐ長楽寺に通ずる道の角にあった。平滑川沿いに作られたいわゆるペリーロードの橋の袂である。なまこ壁の土蔵造りの家は、往時の景観を色濃く残すいかにも風情のあるたたずまいである。船頭業はむろん遥か昔の話であり、今は土佐屋の看板を掲げる居酒屋へ様変わりしているが、店先に大きく坂本龍馬の写真が何枚も貼ってあるのを見ると、松陰先生との関係を云々するのでなく、この家の先祖が遠く土佐からこの地に移り住み、代々土佐屋を名乗ってきたことをセールスポイントにしているようである。

土佐屋跡（下田市三丁目）

5　弁天社――下田市柿崎弁天島

一夜を過ごした小祠

土佐屋を出た松陰らは、武山《たけやま》の下、外ヶ岡の海岸で夜が更けるのを待ち、夜半二時頃に稲生沢川の河口に停めてあった舟を盗んで漕ぎ出した。ただ、この日は風が強く荒波に阻まれ、いくら漕いでも舟を前に進めることができず、ついに諦めて引き返した。海岸沿いを来て柿崎弁天島（鷲島）、今は埋め立てられ陸地続きとなっている突端まで来た松陰らは、下田龍神宮の側にある弁天社の中に潜り込み一夜を明かした。社とはいうものの、四畳半一間程度の小さな祠であるが、二人が仮眠を取るのに不自由はない。おそらく無人の社であることを予め承知していたのであろう。

三月二六日の早朝、お参りに来た村人に驚いて目を覚ました松陰らは、柿崎村東の山を越えて外浦海岸へ出た。番所への通報を免れるために、いったん柿崎から離れる方が得策と考えたようだ。夜に入り柿崎へ戻ったが、雨が降り出したため坂上の茶屋に無理やり頼み込んで泊まった。今の国道一三五号、上の山交差点の辺りらしい。

二七日の夜、蓮台寺村から戻った松陰らは、五ツ過ぎ、すなわち午後八時頃に昼間目星をつけておいた柿崎海岸に向かったが、折悪しく潮が引いていたため、弁天社に潜んでしばらく寝た。八ツ時、午前二時頃、ようやく潮が満ちてきたため舟に乗り込み、沖の異船をめざして漕ぎ出した。日付はすでに変わり、正確には二八日の早暁である。

弁天社（下田市柿崎弁天島）

6　下田龍神宮前に立つ二つの碑――下田市柿崎弁天島

弁天島の下田龍神宮（鷺島神社）に登る石段の脇に松陰の書いた「七生説《しちせいせつ》」の碑が金子重之助の顕彰碑と仲良く並んでいる。

松陰遺墨七生説碑

向かって左、「七生説」の碑は、兵庫湊川で戦死した楠公兄弟最期の言葉として知られる、「願はくは七たび人間に生れて、以て国賊を滅《ほろぼ》さん」に感激して稿を起こしたものであり、没後五〇年となる明治四一（一九〇八）年一〇月、時の村長、曽我彦右衛門ら有志の手で建てられた。安政三（一八五六）年四月一五日に幽室で脱稿した「天の茫々《ぼうぼう》たる、一理ありて存し」（原漢文）で始まる草稿を忠実に写したものであり、題字は八二歳翁の兄民治（梅太郎）が書いた。

金子重輔君碑

金子の碑を建てる話は、もともと松門の品川弥二郎が言い出したもので、彼自身、碑石を寄付するなど経費の多くを負担し、題字はやはり同門の山県有朋が書いた。「安政乙卯《いつぼう》正月十一日、金子重輔病んで獄中に死す」（原漢文）で始まる碑文は、野山獄中で松陰が綴った「金子重輔行状記」の全文を漏らさず刻んだものである。

明治二八（一八九五）年一二月に完成したときは、下田八幡社境内左手の丘、旧下田小学校の地、現在の下田市民文化会館の構内にあったが、小学校校地の拡幅のさい、すぐ近くの八幡社裏山へ移され、昭和四三（一九六八）年五月、弁天島の現在地に三度目の引越しを経験した。明治維新一〇〇年を記念した行事の一環である。

金子重輔君碑・七生説碑（下田市柿崎弁天島）

下田小学校跡（下田市四丁目）

下田八幡神社（下田市一丁目）

7　三島神社の立像――下田市柿崎

太平洋を望む巨大な像

国道一三五号から柿崎海岸へ分かれる道をしばらく進むと、左手に柿崎公民館が現れるが、吉田松陰の像はすぐ側の三島神社の境内にある。台座までふくめれば高さ一三メートル近い巨大な立像である。巷間伝えられた松陰の風貌とはいささか雰囲気が異なるが、大刀を手にしながら昂然と太平洋を眺める姿は、まことに威風堂々としており、見る者を思わず圧倒する迫力がある。

昭和一七（一九四二）年一〇月、紀元二千六百年記念事業として静岡県賀茂郡教育会の手で建立された。題字は頭山満が書いた。戦時下のため、立像に要する材料を集めることができず、全身セメント作りの珍しい像である。時の首相近衛文麿や長州出身の外相松岡洋右《ようすけ》らの賛助を得ながら全国的規模の募金活動を経て完成した。

なお、台座に刻まれた「道守る人も時には埋もれどもみちしたえねばあらはれもせめ　矩方」は、刑死半月前の一〇月一一日、江戸獄の同囚堀江克之助に宛てた手紙中の一節、「神勅相違なければ日本は未だ亡びず」の趣意を歌に託したものである。むろん、五年前の下田踏海とは何の関係もないが、おそらくこの歌が、神州不滅を信じて疑わなかった戦時下日本の時代潮流にもっともふさわしいと感じられたからであろう。

立像の右前方にある碑は、川柳中興の祖といわれる萩出身の井上剣花坊《けんかぼう》の詠んだ「松陰とお吉下田の裏表」を刻んだものであり、昭和四九（一九七四）年の秋に建てられた。

三島神社（下田市柿崎）

井上剣花坊句碑（同前）

吉田松陰先生像
（三島神社境内）

8 踏海の朝碑——下田市柿崎・弁天島公園

弁天社や二つの碑が立つ弁天島一帯は、現在、下田市指定の史跡として公園化されているが、その一角に松陰と金子重之助の師弟像がある。平成二（一九九〇）年三月の建立であり、作者は木村政夫、「踏海の朝」の題字は松陰研究家の奈良本辰也が書いた。

柿崎海岸に作られた師弟像

この師弟像からすぐの海岸べりに「吉田松陰・金子重輔先生踏海企ての跡」と題する大きな案内板があり、松陰とその門人金子の二人が企てた踏海の経緯や時代背景を詳しく説明しているが、末尾に挙げられた歌、「世の人はよしあしごともいはばいへ賎が誠は神ぞ知るらん」は、壮図空しく囚われの身となったがなお意気軒昂の心境を詠んだものである。平滑獄中にいるときつれづれに詠んだ幾つかの歌の一つという。踏海一三〇年を記念して昭和五九（一九八四）年、下田市柿崎行政区の手でこの地に建てられた。

踏海の朝碑（下田市柿崎）

吉田松陰・金子重輔先生踏海企ての跡案内板（同前）

9　上陸跡の碑　下田市須崎

須崎の海岸に送り返される

提督ペリーに乗船を拒否された松陰らは、二八日の朝早くアメリカ水兵の漕ぐボートで送り返された。松陰自身は、「上陸せし所は巌石茂樹の中なり」というのみで、どの地点かはっきりしないが、村松春水がいうように、「戸々折の磯畔」、戸々折《ととり》海岸、今の須崎福浦に着岸したらしい。アメリカ側の記録を見ると、潮の流れからみて松陰らの乗ってきた小舟が漂着したと思われる辺りにわざわざボートを漕ぎ着けたものらしく、不親切に暗夜の岩頭に放り出したわけではないようだ。

弁天島から県道須崎・柿崎線を浜崎小学校バス停まで来て、右へ分かれる道をしばらく進むと、福浦の海岸が現れるが、この辺りでボートから下ろされた松陰らは、暗がりの中を苦労して柿崎海岸の方角へ進んだものである。昭和九（一九三四）年一〇月、すぐ近くの須崎小学校教職員や生徒らの手でその跡地と目される辺りに、「吉田松陰上陸所」の碑が建てられた。題字は、三島神社の立像と同じく頭山満が書いたが、七〇余年の歳月を経た今では、傍らに立つ上陸所の小さな表札をふくめ、ほとんど判読できなくなっている。

吉田松陰上陸所碑（下田市須崎）

「福浦海岸巌頭」といわれるように、当初、碑は波の打ち寄せる海辺の巌上に建てられたが、下田浄化センターの設置に伴う周辺道路の整備や海岸線一帯の護岸工事のため、少し離れた現在地に移された。最近、道を隔てた正面に、「吉田松陰上陸の碑」と題する案内板が設けられ分かりやすくなったが、松陰らの見た往時の景観はすべて消滅してしまった。

10　下田番所跡——下田市一丁目

三月二八日の朝、松陰らは柿崎村名主の家に自訴したが、下田番所から身柄受け取りの同心が現れたのは、夜になってからである。この間、周囲の人びとは何度も逃亡を示唆したというが、おそらく下田番所の役人たちが、容疑者がいなくなれば事件はうやむやとなり、自分たちの責任を云々されることもないと考えたのであろう。いかにも事なかれ主義のお役人らしい発想であるが、肝心の松陰らはこれを断然断り、むしろ神妙に縛につくことを望んだ。舟に残された遺留品で身元はすでにはっきりしており、ここで逃亡すればかえって長州藩人の恥を天下に晒すことになると考えたからである。

自首の道を選ぶ

正確な時間は分からないが、夜遅く松陰らは舟で下田番所に連行され、支配頭黒川嘉兵衛らの取調べを受けた。氏名や身元を確認する簡単な取調べにもかかわらず、終了したのが夜四ツ時、午後一〇時頃というから、身柄受け取りの同心が現れたのは、よほど遅くなってからであろう。

数日後の夜、再び番所に出頭し取調べを受けた。今回は、差し押さえられた遺留品を一々示しながら詳しく事情聴取されており、松陰ら二人の国禁を犯して海外密航を企てた罪が確定した。腰縄を掛けられ平滑獄舎に身柄を移されたのは、そのためである。

はっきりしない所在地

ところで、松陰らのいう下田番所がどこか、実はいろんな説明があり、もうひとつ明らかでない。⑴弁天の番所で来歴姓名等を尋ね、下田町・柿崎村両所預けを言い渡され、そのまま長命寺に送られた、⑵夜遅くなったため、長命寺で簡単な取調べが行われ、そのまま寺内の観音堂に押し込められた、⑶一時仮奉行所のあった宝福寺（一丁目一八）、もしくは稲田寺（一丁目一四）で取り調べられた、⑷今の下田市三丁目、沢村正三氏宅北側、下田公園入口脇の駐車場辺りに番所があった、などの諸説があるが、松陰自身はこの間の事情を、「夜同心某来る。相伴ひて舟に登り、下田番所に往く。与力等吾れを糺す」と書いているのみである。

柿崎村の名主宅から舟で来たというから、弁天の番所でないことだけは確かだが、行き先は相変わらずはっきりしない。この時期、下田には警護を担当する役人の詰め所や舟の見張り所が幾つもあったから、松陰のおぼろげな記憶だけでは確かめようがない。

「ペリー艦隊日本遠征記」に登場するリトグラフ（石版画）の右方に見える小さな建物が、下田番所という主張があるが、もしそうならば、浜辺から上陸した水兵が列をなし橋を渡っている状景から見て、ここは平滑川に架かる橋の袂となる。つまり今の下田市三丁目、すなわち下田公園の入口付近となるが、絵図に見える建物が番所だとする確たる証拠はなく、なお一つの仮説にとどまる。

下田番所跡（下田市一丁目・宝福寺）

下田奉行所が、現在、下田警察署がある東中七丁目付近に新築され、中村屋敷と呼ばれたのは、安政二（一八五五）年三月のことであり、それ以前、松陰が下田に現れた頃は、仮奉行所が初め宝福寺、ついで稲田寺にあった。海外密航という大それた事件の容疑者を取り調べる場所は、当然のように仮奉行所であったはずであり、宝福寺もしくは稲田寺を下田番所と呼んだ可能性がもっとも高いが、仮奉行所の設置が嘉永七（一八五四）年三月という時期からすれば、松陰のいう下田番所は、おそらく宝福寺であろう。いずれも長命寺観音堂からは、さほど遠くない距離である。

11　長命寺観音堂跡——下田市四丁目

緩やかな取調べ

下田番所の位置はともかく、夜遅くまで取調べを受けた松陰らは、しばらく下田町・柿崎村の両所預けとなり、宝光院長命寺内の観音堂に閉じ込められた。少なくとも、四月二日に二度目の取調べを受けるまでここにいた。この間、見張り番として駆り出された村人たちの記憶では、「縛りもなにもせぬ」というから、身柄拘束といっても比較的緩やかな待遇であったようだ。無聊《ぶりょう》を慰めるため二人が詩吟に興じ、また堂内の厨子《ずし》を開けて本尊を抱き下ろし彫刻等を吟味したりしたというのは、この時のことである。松陰自身は、「已にして吏来りて縲紲《るいせつ》を施す」、役人がやって来て縄目を掛けたようにいうが、おそらく番所への往復のさいの出来事であろう。

吉田松陰拘禁之跡碑
（下田市四丁目）

吉田松陰拘禁之跡

下田屋旅館前の通りを南下し、次の交差点で右折すると、静岡地裁下田支部の大きな建物と向かい合うように市立中央公民館が現れるが、今は消滅した長命寺は、この辺りにあった。入り口左側に、松陰が拘禁された場所であることを示す二メートル余の大きな碑があるが、この碑は、大正三（一九一四）年に賀茂郡教育会が建てたものである。その後破損がひどくなり、市の手で今の新しい碑に建て替えられた。傍らに昭和五一（一九七六）年五月に市指定史跡となったことを示す案内板がある。

12 長楽寺宝物館——下田市三丁目

観音堂から移された遺物

土佐屋前の坂道を少し登ると右手に長楽寺の山門が見えてくる。下田で唯一の真言宗の小さな寺であるが、ここの宝物館に松陰らが最初にいた長命寺観音堂の仏像が何体かある。維新後、廃仏棄釈で長命寺が長楽寺に統合されたさい、ここに移されたものである。

壁に掲げられた「吉田松陰先生黒船乗込図」は、どこにでもあるものでかくべつ珍しくないが、片隅に「金子重輔同乗」と小さく付記されているのは、松陰が主役で金子は単なる従者にすぎないとする見方のようであり、決死の覚悟で下田の荒海へ漕ぎ出した金子には、随分と失礼な扱いとなっている。また、その下に置かれた松陰の坐像

長楽寺本堂（下田市三丁目）

松蔭先生之信仰仏・聖徳太子砂手本之像（同前）

は、松陰贔屓のみやげ物屋の主人が作らせ、寺に寄進したものというが、大きな木彫のなかなか見ごたえのある一品である。

師弟が拝した仏像

宝物館にある松陰関係の展示物で最大の見ものは、聖徳太子作と伝えられる「小王身観世音菩薩像」「聖観世音菩薩之像」「聖徳太子砂手本之像」の三体であり、いずれも長命寺から移したものである。傍らの名札に松陰先生信仰仏と注記されているのは、観音堂に閉じ込められた松陰らが、朝な夕なこれらの仏像を眺め、時には厨子から取り出して撫で摩ったという言い伝えを踏まえたもののようである。

13　平滑牢獄跡　下田市五丁目

四月二日、二回目の取調べの後、松陰らは身柄を長命寺の観音堂から平滑《ひらなめ》の獄舎に移された。取調べが一段落し罪状が固まったため、身柄を番所に付属する獄舎へ移したものであろう。

仮牢から獄舎へ

もと長命寺のあった中央公民館から一筋南下した平滑川沿いの地にあったというが、正確な場所についてははっきりしない。広瀬豊のいう長命寺から西へ二丁ばかりの地は、中央公民館前の道を西へ二〇〇メートル余進んだ下田南高校の辺りになるが、すぐ近くの開国博物館の案内パンフには、博物館の右前方、道を隔てた駐車場がその跡地とある。ただ、最近では、ここから東へ数十メートル戻った市立図書館前の道を隔てた斜め左方の山側、細長い駐

平滑獄跡（下田市五丁目・開国博物館前駐車場）

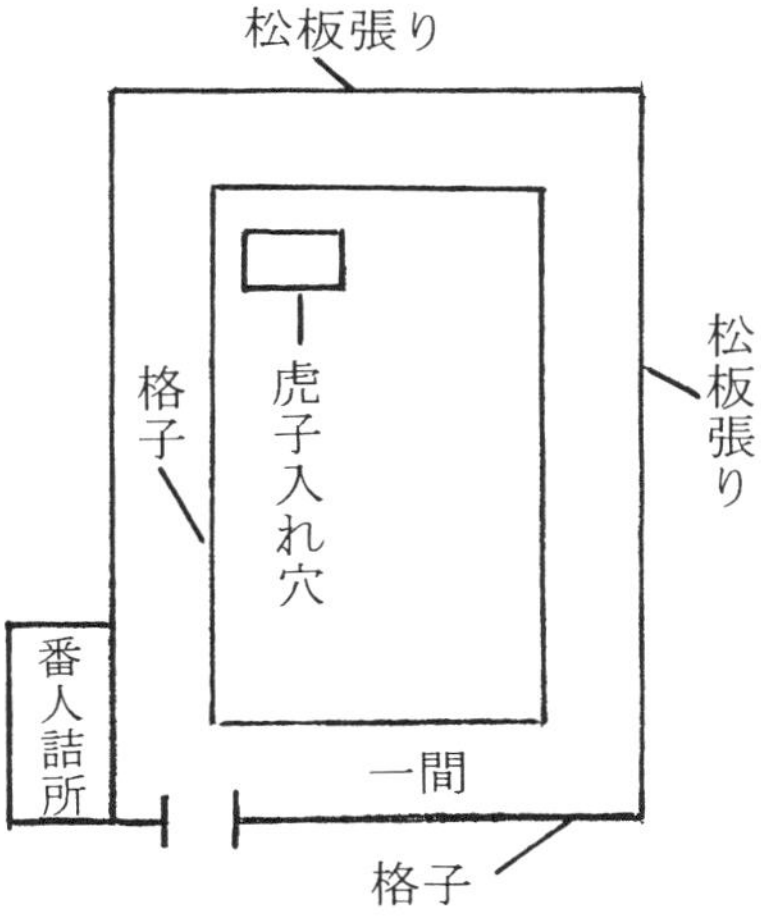

平滑獄平面図

車場奥が獄舎跡ではないかという説もある。平滑獄舎という名称からすれば、今は暗渠となっている平滑川沿いの図書館前の駐車場の方が跡地のように思えなくもないが、断定するだけの根拠にはやはり乏しい。

食い違う広さ

獄舎の様子について松陰自身は、「獄只だ一畳敷、両人膝を交へて居る、頗る其の狭きに苦しむ」、僅か畳一枚のスペースに金子と膝をつきあわせていたというが、土地の古老に確かめた村松によれば、平滑獄舎は、「内乗り一間に九尺」、つまり畳三枚ほどの広さであり、松陰の説明とは大いに異なるという。たしかに、獄舎の悪環境を言い募るためいささかオーバーに表現した嫌いはあるが、いずれにせよ、大の男二人がこの狭い空間に押し込められたのだから、随分と窮屈な思いをしたことは間違いない。四月一〇日、江戸へ出発するまで、延べ九日間、彼らはここにいた。

14　開国博物館――下田市四丁目

往時を伝える沢山の展示物

市立図書館から西へ数十メートル進んだ所に下田開国博物館があるが、ここには旧獄舎を復元した原寸大の模型がある。これを見ると、松陰らがいた横一間（一・八メートル）・縦九尺（三メートル）の室は、四方を格子で囲んでいる。またここにはないが、村松の描いた平面図によれば、獄室の一メートルほど空けた周囲をもう一度念入りに囲む構造になっており、三方は松の板張り、入り口となる正面には格子を巡らし、その隅に畳一枚ほどの番人見張り所が作られていた。韮山様《にらやまよう》の作りであり、当時、伊豆界隈の獄舎はみなこのタイプであったらしい。

下田図書館前駐車場（下田市四丁目）

開国博物館（同前）

復元された平滑獄（同前）

この復元された獄室には松陰一人が黙然と坐し、終始一緒であったはずの金子の姿がどこにも見当たらないのは理解に苦しむが、長楽寺宝物館の「黒船乗込図」で、同乗と付記されたのと同じ類いであろうか。獄室の傍らに置かれた円筒形の竹駕籠は、罪人を運ぶいわゆる唐丸駕籠であり、手鎖・足かせを施された松陰らは、これで江戸へ護送された。

数ある展示物の中でひときわ見物客の注目を集めている松陰自賛の肖像は、安政六（一八五九）年五月の江戸檻送の直前に門人松浦松洞が慌しく描いたという八幅の肖像画のうち、萩松陰神社に残されたもののレプリカであり、本物ではない。その傍らにある松陰が使ったという名主平右衛門宅の文机に問題はなさそうだが、獄中で読んだという机上に広げられた「論語」は、松陰の記した「三河風土記」「真田三代記」「赤穂義士伝」などの読書リストにはなく、いささか疑わしい。

主要参考文献

村松春水『下田に於ける吉田松陰』平凡社　一九三〇年
山口県教育会編『吉田松陰全集』全一二巻　岩波書店　一九四〇年
妻木忠太『吉田松陰の遊歴』泰山房　一九四一年
諸根樟一『吉田松陰東北遊歴と其亡命考察』共立出版　一九四四年
山口県教育会編『松陰と道』松風会　一九九一年
滝沢洋之『吉田松陰の東北紀行』歴史春秋出版　一九九二年
海原徹『江戸の旅人吉田松陰』ミネルヴァ書房　一九九九年
柳沢良知『吉田松陰・津軽の旅』柳沢祥子　二〇〇〇年

あとがき

全国各地にある吉田松陰の記念碑を訪ねる旅をようやく終えた今、幾つかの気がついた点がある。以下に、その主要なものを列挙してみよう。

第一に注目されるのは、記念碑の登場には時代的な偏りがあるということである。松陰の人と為りや事跡を掘り起こし、これを文献史料に記録するだけでなく、碑に刻みつけ永く後世に伝えようとする試みは、彼の没後間もなく松門関係者の間で話題になったが、実際にこれが動き出したのは、維新後、それも明治二〇年代に入ってからである。その理由やきっかけはいろいろ考えられるが、なかんずく明治二六（一八九三）年に刊行された徳富蘇峰『吉田松陰』が、革命家としての松陰像を提唱したことの影響がやはり大きいだろう。大正から昭和へかけて、この動きはさまざまに変容しながら、しだいに勢いを増し松陰ファンを確実にふやしていったが、太平洋戦争が激化した昭和一〇年代後半には、神州日本と結び付けられた松陰崇拝ブームに乗りながら、全国各地に次々と記念碑が作られた。

それへの反省や批判もふくめて、戦後しばらくこうした動きは沈静化し、松陰の名もすっかり封印され、一時はタブー視された観すらあるが、開国百周年を迎えた昭和三〇（一九五五）年頃になると、再び松陰や村塾の教育活動に注目が集まるようになった。四〇年代に入り、明治維新一〇〇年の記念イベントが全国的規模で始まると、この動きはいよいよ活発化した。近年はまた、地域の活性化や町おこしの計画などと連携しながら、かつて松陰が歩いた道や訪ねた場所を探し出し、その跡地に碑を立て案内板を設置しようとする試みがあちこちで見られる。

次に気がついたのは、松陰が足跡を記した全国各地に万遍なく碑があるのではなく、地域によって結構大きな隔たりがあるということである。萩城下を基点にした山口県下の至る所に沢山の碑が見られるのは、松陰の生まれ育った故郷という面もあるが、それ以上に、防長二国に住む人びと、山口県人が、藩政時代から延々今日に至るまで、数え年僅か三〇歳で刑死した松陰なる一人の若いサムライを限りなく愛し、絶えず憧憬の念で眺め、あたかも彼を長州人の典型、理想の人物のように見てきたことも、大いに関係があるだろう。

長崎や平戸を中心に行われた九州遊歴の旅では、行く先々にさほど多くの記念碑がない。この時代、海外の知識文物を受容する唯一の窓口であった長崎への道は、松陰に限らず有名無名の人びとがひっきりなしに往来しており、とりたてて彼の旅が注目を集めるようなことはなかった。しかも、二〇代を迎えたばかりの松陰は、まだ修学途上の一介の若者にすぎない、つまり無名のサムライであったから、彼が歩いた土地の側の記録がそもそもない、仮にあったとしても、早々と消滅してしまったのは、しごく当然のことであろう。

東北地方の至る所に驚くほど沢山の碑があるのは、厳寒の東北路を物ともせず、道なき道もあえて突き進んだ松陰の並外れた勇気や行動力が、彼を迎えた東北人の心を揺り動かし大いにアピールしたのはむろんであるが、それ以上に、松陰が残した「東北遊日記」の克明にしてかつ文学的センス溢れる記述、まるで百数十年前に彼が歩いた道や眺めた風景をほうふつとさせる達意の文章のせいもあるのではなかろうか。矢立峠を越えた閏二月二九日の日記に、「是の地、両山迫り狭まって澗水《かんすい》迂回し、走蛇の状の如し、而も修路の政なく、過ぐる者は川を渉ること凡《およそ》そ数十次、是れ四十八川の称ある所以なり。雪水奔漲して往々膝を没し、冷堪ふべからず」などとあるのがそれであり、春を迎えたとはいえ、まだ雪深い羽州路をひたすら山頂をめざして突き進む松陰の旅姿を目の当たりにする思いがする。

江戸時代の代表的なメインロードである山陽道、東海道、もしくは中山道の旅は、江戸と萩城下を往復するたびに何度か経験しているが、ことさら松陰の足跡を記した碑は見当たらない。長崎街道と同じく、毎日、何百人もの旅人が通過する賑やかな道であるから、松陰の来遊がかくべつ目につかない、ごくありふれた出来事にすぎなかったためであろう。松陰自身は、この間、次の宿場をめざしてひたすら歩を進めたのであり、途中の名所旧跡に足を止め、またわざわざ土地の学者や文人を訪ねたりすることもほとんどなかった。

　江戸に出て間もなく熊本藩士の宮部鼎蔵と試みた房相沿岸の踏査は、江戸近辺の防衛を案ずる旅であるが、起点となった鎌倉の瑞泉寺を除き、なぜか記念碑の類いが見当たらない。僅か一〇日間の短い日程と松陰本人の日記が紛失し、同行した宮部の残したメモ風の旅日記しかないという辺りが、松陰ファンの関心をさほど引かなかったためもあるらしいが、三浦半島東岸、様変わりした横須賀や浦賀方面はともかく、房総半島の竹ヶ岡から洲崎へ至る道は、往時の景観を色濃く残す箇所が随所にあり、今のままではいささか勿体ない気がしないでもない。いずれにせよ、記念碑のないこのルートは、東海道その他の道と同じく、今回、記述の対象からすべて除外した。

　松陰の名を一躍全国区にした下田踏海の企ては、松陰ファンにとってだけでなく、舞台となった下田の人びとにとっても、ペリー艦隊の下田来航や日米和親条約の締結などと並ぶ、絶対に見逃すことのできない大事件であり、何かのイベントを行い、町おこしが話題になるたびに、彼が足跡を記した場所に碑を作り、案内板を設けることに努めた。また碑こそないが、町のあちこちに松陰と関わりのある建造物や場所に出会うことができる。これらを一つひとつ丁寧に辿って行くと、松陰をテーマにした新しい観光マップが一枚でき上がるぐらいであるが、いずれも史跡保存に熱心な下田の町ならではの光景であろう。

　建碑の発起人や賛同者についても、面白い発見があった。当初はもと長州藩人、それも松門出身の成功者たちが、旧師松陰の人と為りや事跡を後世に伝え永久に残したいという熱い思いから碑を作ったのであるが、時代が下がると、そうした企てにさまざまな人びとが加わるようになった。そのさい、市町村の首長や議会関係者など、地方の政治家が多いのは、土地の有力者であるから当然といえるが、中央政界のリーダーたち、現職の首相や閣僚、国会議員までそうした試みに名を列ねているのを見ると、いささか奇異な感じがしないでもない。長州藩閥の盛んな昔からそうであるように、山口県出身の政治家がそうした企ての随所に登場するのは分かるが、よく見ると、藩閥とはまったく無縁の地方出身の政治家にも、結構松陰ファンを自称する人びとが多い。

　安政大獄に見られるように、尊攘討幕の志士として活躍し、志半ばで倒れた人物は数多くいる。にもかかわらず、幕府権力に抗した大勢の政治犯の中で、とりわけ松陰一人が政治家たちの人気を集めるのは、彼の政治的センスや識見の如何などでは必ずしもなく、おそらくその生涯を通じて微塵も揺らぐことのなかった純粋無垢の生き様であろう。幕府法廷で死罪を宣された松陰の最期は、刑場に引かれながら高唱したという、「吾れ今国の為に死す、死して君親に負《そむ》かず。悠々たり天地の事、鑑照、明神に在り」の詩句そのままの明鏡止水の境地であったが、百鬼夜行の政治的世界に生きる今の政治家たち、権謀術数に日夜精魂を磨り減らしている人びとにとって、いかにも刺激的かつ感動的な事柄であったのではなかろうか。両者の生きる世界、出処進退の違いがあまりに鮮明であるだけに、ある意味で分かるような気がしないではない。

もう一つ、どうしても気になるのは、全国各地にある記念碑の置かれた環境の変化ということである。東北の旅でとくに感じたことであるが、せっかく土地の有志が苦心惨憺して建てた碑が、後の世代にうまく引き継がれず、ついには誰も寄り付かなくなったのか、野ざらし状態のままになっていることが少なくない。かつては役立った案内板がすっかり朽ち果て、苔むした碑のみが人里離れた荒野にぽつんと立っている光景を見ると、何とも情けなく絶句するほかはない。誰の責任でこうなったのか分からないが、こうした碑のさし示す史跡が、土地の人びとの掛け替えのない大切な文化的遺産であることを思えば、放ったらかしのままでよいわけはない。少なくとも町や村は、碑の保存はもちろん、案内板を新しくし周辺の環境整備を怠らないようにする、これが先人たちの努力に対する最低限の礼儀であり義務ではないだろうか。

都市の区画整理や道路の拡幅工事のため、記念碑の現状維持が難しくなり、別の場所に移転するのもよくあるケースであり、それはそれで止むを得ないことが多いが、碑の作られた由来、この場所が選ばれた理由などとは無関係に、町や村の一方的な都合だけで遠い公園や空き地へ移してしまうのはいかがなものか。数年前まであった碑が、いつの間にかまるで違う場所に二転、三転するというのは、松陰の足跡を辿っていると、あちこちで何度もお目にかかる光景であるが、どうしても動かす必要があるのならば、見る人をなるほどと納得させる場所でなければなるまい。一体なぜここにあるのか、説明ができない地に碑を建ててみても、われわれにアピールするどころか、かえって感興を著しくそぐ逆の効果しかない。ついでにいえば、そうした碑に限ってきちんとした案内板がなく、単なる石ころや木片扱いであることが多い。史跡や文化遺産に対する意識の低さや価値観の欠落をしみじみと実感するのは、このような時である。

十数年前から何度も試みた松陰の歩いた道を訪ねる私の旅は、ようやく一段落ついたが、松陰の残した旅日記や手紙類の記述だけでは、ここがそうだと確認できない道や場所も、むろんまだ沢山残されている。新しい発見や解釈をしようと思えば、当然これまでと同じように、かくいう私自身が何度も現地に足を運び、実際に往時の風景を肌身で感じ、自分の目で確かめてみるしか方法はない。私に残された時間はあまりないが、体力や気力の許す限り、そうした試みをこれからもなおしばらく続けてみたい。いささか年寄りじみた物言いであるが、稿をすべて終えた今、そのようなことを考えている。

最後に、本書で使用した膨大な史料の収集や写真の提供などについて、全国各地の図書館、資料館、博物館、市町村自治体の関係者、その他、大勢の人びとのご教示やお力添えを頂いた。改めてここで御礼を申し上げる。また本書の企画、編集から刊行へいたる一切について、編集部の田引勝二さんのお世話になった。厚く謝意を表したい。

二〇一四年六月二〇日

著者

追記 本書は、平成二三（二〇一一）年三月一一日の東日本大震災以前にすべて現地調査を終え、原稿化したものであり、当然のように、私たちの実見した歴史的スポットのなかには、原形をとどめぬほど破壊され、失われてしまったものも幾つかある。ただ、往時の景観を記憶の底にはっきりとどめる意味で、あえて修正や加筆の手をくわえず、そのままとした。今後、機会があれば、そうした史跡やこれを記念する碑石の類いがどのようになっているのか、その後の経過について明らかにしてみたい。

吉田松陰年譜

和暦	西暦	齢	関係事項	一般事項
天保 元	一八三〇	1	8・4（陽暦9・20）長門国萩松本村に誕生。無給通士杉百合之助27歳の次男、幼名虎之助。母は児玉氏、名は滝、24歳。もと陪臣村田右中の娘。兄梅太郎3歳の他に祖母岸田氏や二人の叔父が同居。	文政13年12・10天保と改元。翌2年より藩内各地に一揆激発。
三	一八三二	3	妹千代生まれる。叔父吉田大助、久保久満、実は黒川村森田頼寛の娘と結婚、新道の家を求めて移る。	この頃から全国各地で飢饉が続発する。
五	一八三四	5	叔父吉田大助（大組、山鹿流兵学師範57石）の仮養子となる。父百合之助、呉服方に出仕、天保7年3月まで。	水野忠邦、老中となる。
六	一八三五	6	4・3叔父大助没、享年29歳。6・20家督相続大次郎と改称、杉家で起居。養母久満は黒川村の実家へ戻る。幼少のため家学教授は門人が代理する。	足立左内、露語辞典を完成。
九	一八三八	9	家学教授見習として明倫館に出仕。叔父玉木文之進、杉家の宅地内に一屋を営む。	前年2・19大塩平八郎の挙兵。緒方洪庵、大坂に適塾を創める。
一〇	一八三九	10	11・―明倫館で家学教授を行う。代理教授に代わり家学後見人が置かれる。叔父文之進、新道の吉田家へ転居。妹寿生まれる。	5・14蕃社の獄。
一一	一八四〇	11	藩主の前で「武教全書」を講義。叔父文之進、部下の不始末のため免職、自宅謹慎。	アヘン戦争の報。

一二	一八四一	12	波多野源左衛門に馬術を学ぶ。同じ頃、平岡弥三兵衛に剣、横地長左衛門に槍を習う。妹艶生まれるも早世。	5・9高島秋帆、徳丸原で西洋砲術を試す。水野忠邦の政治改革始まる。
一三	一八四二	13	藩主の親試で「武教全書」を講義。叔父文之進、家学後見人となる。新道の自宅に松下村塾を創める。兄梅太郎とこの塾に学ぶ。	文政8年の打払令を廃し、薪水給与令を復活。
一四	一八四三	14	香川千蔵、家学後見人となる。父百合之助、百人中間頭兼盗賊改方となる。安政6年5月の召上げまで。妹文生まれる。	水野忠邦、失脚する。萩藩、羽賀台で大操練を実施。
弘化 元	一八四四	15	藩主親試のさい、特命で「孫子」を講じ、「七書直解」を賞与される。井上七郎二郎、家学後見人となる。外叔久保五郎左衛門隠居、自宅に開塾、のち松下村塾を称する。	天保15年12・2弘化と改元。萩藩、沿岸に砲台を築く。仏船、琉球に来る。和蘭国王、幕府に開国を進言。
二	一八四五	16	山田亦介に長沼流兵学を学ぶ。叔父文之進の松下村塾に寄宿する。10・6弟敏三郎生まれる。	米艦、漂流民を送還。英艦、琉球・長崎に来る。
三	一八四六	17	林真人宅や松下村塾に寄宿する。長沼流兵学免許を受ける。佐藤寛作に「兵要録」、飯田猪之助に西洋陣法、守永弥右衛門に荻野流砲術を学ぶ。	閏5・―米艦来り開国を要求、幕府拒絶する。8・―海防の勅諭、幕府に下る。
四	一八四七	18	4~5月頃松下村塾に寄宿、学館秋試で論文丙科に入る。10月林真人から大星目録の免許返伝を受ける。	幕府、相模・安房・上総の沿岸防備を諸藩に命ずる。
嘉永 元	一八四八	19	家学後見人をすべて解かれ、独立の師範となる。明倫館再興に関する上書。この年、杉家清水口の高洲家へ転居。	弘化5年2・28嘉永と改元。佐久間象山、大砲を鋳造する。
二	一八四九	20	2・―兵学寮掟書を定め、3・―水陸戦略を上書する。御手当内用掛となり、6・―藩命で沿岸防備の視察。	閏4・―英船、浦賀に来る。5・―幕府、打払令復活の可否を問

			10・—門人を率い羽賀台で銃陣演習。兄梅太郎明倫館面着方となる。玉木家土原へ転居。	い、海防論沸騰する。
三	一八五〇	21	8・25九州遊歴に出発。平戸の葉山佐内、山鹿万介に従学。長崎、熊本、柳川に遊び、12・29帰宅。旅行中より義卿の字（あざな）を使い始める。	4・5七社七寺に対し、外患防止の祈禱の勅。清国、太平天国の乱。
四	一八五一	22	正・—林真人より三重伝の印可返伝を受ける。3・5藩主の参勤交代に従い江戸へ上る。安積艮斎、古賀茶渓、山鹿素水、佐久間象山らに従学する。6・—宮部鼎蔵と相模・安房の沿岸防備を踏査。12・14過所を持たず藩邸を出奔、松野他三郎と変名し、12・19水戸城下に入る。	正・—中浜万次郎帰国。この頃、幕府、浦賀砲台などの整備に着手。8・—薩摩藩、製錬所を設立。
五	一八五二	23	正・20水戸を発ち、白河、会津、新潟を経て佐渡に渡る。日本海側を北上し、秋田、弘前を経て小泊着。青森、盛岡、仙台、米沢を南下して4・5江戸着。4・10藩邸へ自首、5・12帰国、生家で謹慎中、兵学門下生に教授。11月頃より松陰と号す。12・9士籍削除、父百合之助育となる。この日、松次郎と改め、また父百合之助、内意を得て松陰の10年間諸国遊学を願い出る。	2・—水戸藩、『大日本史』を刊行。5・—幕府、浦賀砲台を彦根藩の管轄とする。8・—蘭人、長崎に来て開国を説く。露船、下田に来航。薩摩藩、反射炉を建設。
六	一八五三	24	正・26諸国遊学に出発。寅次郎と改める。近畿方面を遊歴して5・24江戸着。鳥山塾に戻る。5・25鎌倉瑞泉寺の伯父竹院を再訪する。6・4黒船来航を聞き浦賀へ急行する。9・18露艦乗り込みのため発つ。10・27長崎着。露艦すでに去り空しく帰萩。11・25江戸再遊、12・27着。鳥山塾に寄宿する。この年、杉家新道の現在地へ転居する。	6・3米使ペリー浦賀に来航。7・—幕府、諸侯以下に開国の可否を聴取する。7・18露使プチャーチン、長崎に来航（10・23去る）。8・—高島秋帆の禁固を許す。9・—幕府、大船建造の禁を解除。12・5プチャーチン、長崎に再来。

安政 元	一八五四	25	3・5米国行きを策し金子重之助と下田へ向かう。3・27夜米艦乗船に失敗、自首する。9・18国許蟄居の幕裁下る。10・24帰国、野山獄に繋がれる。この頃から二十一回猛士を号す。父百合之助、兄梅太郎ら謹慎処分となる。	嘉永7年11・27安政と改元。正・14米艦再来する。3・3日米和親条約。8・23日英和親条約。12・21日露和親条約。
二	一八五五	26	正・11金子重之助、岩倉獄中で病没。享年25歳。3・9来萩の僧月性と文通を始める。4・中頃から獄中の人びとと勉学を開始。9・13来萩の僧黙霖と文通を始める。12・15出獄、生家で蟄居の身となる。間もなく近親者に「孟子」を講ずる。	7・―幕府、長崎で海軍直伝習を開始、萩藩からも多数参加する。10・―江戸大地震、藤田東湖死ぬ。12・23日蘭和親条約。
三	一八五六	27	3・下~杉家の幽室で密かに授業を始める。8・中僧黙霖といわゆる勤皇問答。9・4久保氏のために「松下村塾記」を書く。10・―野山獄囚のために運動、6名放免される。12・―来萩の梅田雲浜と会い、時務論を交わす。	2・11幕府蕃書調所設置。3・24幕府講武所開設。7・21米総領事使ハリス来日。
四	一八五七	28	7・25出獄した富永有隣を助教に迎える。11・初杉家の宅地内に8畳一間の塾舎を得る。幽室を出て塾生たちと共同生活を始める。妹文久坂玄瑞と結婚、二人とも杉家に同居する。	5・26ハリスと下田条約締結。7・―幕府、製鉄所建設。
五	一八五八	29	3・11増築を終え、18畳余の塾舎を得る。この頃から須佐育英館と数次にわたり塾生の交流を行う。7・20家学教授の公許を得る。7・23直目付へ皇城守護策を提出。8・1堅田家臣26名来塾、大井浜で村塾生と銃陣演習。9・9松浦松洞に水野土佐守要撃策を示す。10・初赤禰武人に伏見獄舎破壊策を授ける。11・6塾生	堀田老中、条約勅許に失敗する。4・23井伊直弼、大老となる。6・19日米修好通商条約。7・10以降、蘭・露・英・仏国と修好通商条約を調印。8・8水戸に密勅下る。9・―梅田雲浜ら志士多数が下獄。安政

			17名と血盟、間部老中要撃策を案ずる。11・29自宅厳囚、12・5投獄の命下る。この前後、大原三位父子下向策を練る。12・26野山再獄。塾生有志沿道で見送る。	大獄が始まる。コレラ流行、死者3万名に達す。
六	一八五九	30	正・15来萩の大高・平島らの提案に応え、藩主伏見要駕策を企てるも成功せず。正・24時事に憤慨し、絶食に入る。正・26中止。この頃、清末策を塾生らに説くも、応ずる者なし。3・24野村和作に伏見要駕策を授ける。塾生らの離反や自重論を怒り、次々に絶交、賜死を願う。4・20東送の幕命あり、5・14兄より聞く。5・24帰宅、近親者と訣別。5・25江戸へ檻送。出発の日父百合之助、兄梅太郎非職となり、謹慎。6・25江戸着、7・9幕府法廷に出頭し下獄。10・27罪状申渡し、同日午前中伝馬町牢で斬刑。	4・―幕府の内奏で革新公卿処罰。5・―幕府、神奈川・長崎・箱館三港を開き、貿易を許す。8・―幕府、水戸斉昭父子を処罰。8・11シーボルト再来。9・14梅田雲浜獄死。10・7橋本左内、頼三樹三郎ら死罪となる。

や　行

ら・わ行

な　行

は　行

ま　行

さ 行

た 行

人名索引

あ　行

か　行

《著者紹介》

海原　徹（うみはら・とおる）

1936年　山口県生まれ。
京都大学卒，京都大学助教授，同大学教授を経て，
1999年　京都大学停年退官。
現　在　京都大学名誉教授。元京都学園大学学長。教育学博士。
著　書　『明治維新と教育』ミネルヴァ書房，1972年。
『明治教員史の研究』ミネルヴァ書房，1973年。
『大正教員史の研究』ミネルヴァ書房，1977年。
『学校』近藤出版社，1979年。
『近世私塾の研究』思文閣出版，1983年。
『教育学』ミネルヴァ書房，1987年。
『近世の学校と教育』思文閣出版，1988年。
『吉田松陰と松下村塾』ミネルヴァ書房，1990年。
『松下村塾の人びと』ミネルヴァ書房，1993年。
『松下村塾の明治維新』ミネルヴァ書房，1999年。
『江戸の旅人 吉田松陰』ミネルヴァ書房，2003年。
『吉田松陰』ミネルヴァ書房，2003年。
『偉大なる凡人辻本光楠』丸善，2005年。
『月性』ミネルヴァ書房，2005年。
『エピソードでつづる吉田松陰』共著，ミネルヴァ書房，2006年。
『高杉晋作』ミネルヴァ書房，2007年。
『広瀬淡窓と咸宜園』ミネルヴァ書房，2008年。
『吉田松陰に学ぶ』ミネルヴァ書房，2010年。
訳　書　R. Rubinger『私塾』共訳，サイマル出版会，1982年。

松陰の歩いた道
——旅の記念碑を訪ねて——

2015年4月20日　初版第1刷発行　〈検印省略〉

定価はカバーに
表示しています

著　者　海　原　　徹
発行者　杉　田　啓　三
印刷者　江　戸　宏　介

発行所　株式会社　ミネルヴァ書房
607-8494 京都市山科区日ノ岡堤谷町1
電話代表 075-581-5191
振替口座 01020-0-8076

共同印刷工業・藤沢製本

ISBN978-4-623-07346-7
Printed in Japan